中央高校基本科研业务费专项资金资助项目（项目批准号：2662022WFYJ009）成果

文体比较视野下的子书叙事研究

——以西汉为中心

方宪　著

武汉大学出版社
WUHAN UNIVERSITY PRESS

图书在版编目(CIP)数据

文体比较视野下的子书叙事研究:以西汉为中心/方宪著.—武汉:武汉大学出版社,2022.6

ISBN 978-7-307-23041-5

Ⅰ.文… Ⅱ.方… Ⅲ.百科全书—研究—中国—西汉时代 Ⅳ.Z222

中国版本图书馆 CIP 数据核字(2022)第 066609 号

责任编辑:蒋培卓　　责任校对:汪欣怡　　版式设计:马　佳

出版发行:**武汉大学出版社**　(430072　武昌　珞珈山)

(电子邮箱:cbs22@ whu.edu.cn 网址:www.wdp.com.cn)

印刷:武汉邮科印务有限公司

开本:720×1000　1/16　印张:12　字数:176 千字　插页:1

版次:2022 年 6 月第 1 版　2022 年 6 月第 1 次印刷

ISBN 978-7-307-23041-5　定价:45.00 元

目　录

第一章 绪　　论

经、史、子、集是中国传统知识分类方法，“四部”之分不仅反映了古人在知识价值、观念层面上对知识形态的认知和区分，更深刻地影响了古代知识书面表达的具体方式，即文体意义上的书写传统。

经部主要是在儒家观念指导下从其内容的价值、地位角度出发进行的区分，具有意识形态特性，暂且存而不论；史部、子部、集部则可以看作从文体角度进行的划分，它们分别形成了各自的文体功能和特点。

一般认为，史部以叙事为主，面对纷繁的历史事件，完成记载史实、勾勒史貌的任务，叙事能力是展现史才的重要因素，也成为史家引以为傲的看家本领，甚至成为宰衡古代一切叙事文体好坏的首要标准。唐代史学家刘知幾在《史通》就指出，“夫国史之美者，以叙事为工”①。子部以议论为宗，说理、议论、辩难是子书常见的表达方式，先秦诸子散文及汉代政论文是其中的典范，子书以传达作者的颖见卓识为主要宗旨，无论是事关政教的哲理玄思，还是知识性、趣味性的闾里小智，总之它是主“意”的。清代史学家章学诚在《文史通义》中说，“立言之士，以意为宗，盖与辞章家流不同科也”②。集部具有抒情性内核，诗词曲赋，吟咏抒怀，审美性情怀是它所关注的焦点，即《昭明文选》序中所说“沉思翰藻”。可以说，史、子、集在各自长期的发展过程中形成了从内容到审美形式方面各自不同的独特传统。我们主要关注的是子部叙事传统，由于子、史紧密联系，我们

① （唐）刘知幾：《史通》，上海古籍出版社2008年版，第122页。

② （清）章学诚：《文史通义》，上海古籍出版社2015年版，第107页。

将在与史传叙事传统比较的视野中去探寻子书叙事的特征。

第一节　研究意义

我们主要选择西汉子书叙事作为观察对象。首先，汉代是各种文体传统形成、演变的重要时期。章学诚说："盖至战国而文章之变尽，至战国而著述之事专，至战国而后世之文体备，故论文于战国，而升降盛衰之故可知也。"①刘师培也有著名的论断："文章各体，至东汉而大备，汉魏之际，文家承其体式，故辨别文体，其说不淆。"②西汉处于上承先秦，下启东汉与魏晋的转折与过渡时期，此时文体的发展变化与面貌特征值得我们关注。

汉代子书数量丰富，地位重要。最早集中收录西汉文体的当属《汉书·艺文志》，其中已单独设立"诸子"单元。《汉志·诸子略》中以儒、道、阴阳、法等各家为子目，实开后世史书《艺文志》中"子部"一类的先河，无论后来《艺文志》中"子部"类的子目各属有着怎样的变化，但作为四部总类之一的"子部"，其重要地位以及人们对它不同于其他部类书写的认识从此确立，从数量和影响上看，子部在后世蔚为大宗。西汉承先秦诸子的流风余绪，子学之风尚未消散，西汉诸子如陆贾、贾谊、董仲舒、扬雄、刘向等，在子学发展历史中具有重要地位。从叙事角度来看，几部重要著作如《淮南子》《韩诗外传》以及刘向的《说苑》《新序》等对后世的思想、文学影响十分深远。其中，《韩诗外传》虽然是儒家经传，不过其思想内容和叙事风格接近子部，可作为观察西汉子部叙事的重要范本。

其次，如前所述，对子书的研究多数仍集中在其思想性层面，对于文体层面的研究尚未充分展开。本书的切入点是"叙事"视角。长久以来，子书太过耀眼的思想光芒遮蔽了其文体的独特性，人们多倾心其"议论"而忽略了其中占相当数量的叙事成分。由于子书叙事的内容和形式与史书叙事

① （清）章学诚：《文史通义》，上海古籍出版社2015年版，第18页。

② 刘师培：《中国中古文学史讲义》，江苏文艺出版社2008年版，第21页。

有着天然的相关性，二者的界限常常被模糊，然而，只要我们细加分析，就会发现二者确实存在着重大区别。

要言之，史书叙事是为保存古代的典章制度和人世变迁的轨迹，让执政者从中吸取历史经验，如果说史家叙事是从记载历史事实变迁的过程中让人“寻道”，那么诸子叙事则是为了“宣道”，他们往往持有一定的见解和立场，在此基础上，从古往今来的历史中采撷合于己意的片段，增强论说的说服力。可以说，子书叙事与史家叙事有着不同的立场和思维，由此也导致了子、史叙事在题材选择、叙事结构、叙事方式和叙事审美追求上都存在着差异。

从这种角度出发，揭示子书叙事的特点，可以为我们理解古代叙事文学中的一些现象，如理解以西方文体概念看来身份模糊的作品何以呈现出这样那样的面貌，提供一个思考的新视角。我们可以进一步提出这样的问题，子书的这种叙事方式、叙事传统在史书叙事占主导地位的古代叙事格局中处于什么地位？发挥了怎样的影响？它对古代叙事作品呈现的面貌起到了怎样的作用？我们不禁想到，子书将不同人物与事件按照作者意图排列、集合的方式，不注重历时叙事而自由操作叙事速度的手法，不局限于时间与空间整一性的传统，与杂史、杂传如《吴越春秋》《越绝书》等，与文言小说等的叙事特点是否有相关之处呢？从史家叙事的角度对它们进行分析，其中有的叙事体例看起来是历史著作，而其内容既有与史实相符的，也有大量荒诞虚妄的，于是它们成了“舛滥驳杂”、身份难以确定的“四不像”。其实，如果我们换个角度思考，它们之“杂”，也许不仅仅在于内容的驳杂，同时，也在于叙事方式上背离了史家叙事的原则，而渗入了子书叙事的某些特点。我们如果从这个角度出发对叙事作品进行观察，对叙事现象进行分析，在回答上述问题时，也许能得出更符合历史真实的结论。

第二节　研究综述

目前，学界对于子书叙事的专门研究尚未充分展开，我们将从两方面总结，其一是子书叙事一般性理论，其二是对西汉子书叙事作品的研究。

子书叙事的一般性理论研究，可以分为以下几类：

第一，散见于史学、哲学研究著作中的对子书叙事的讨论。中国人文科学有文史哲不分家的传统，古代子、史常常被相提并论，学术向现代转型后，子书又主要成为哲学研究的对象，所以，人们在论述哲学思想史，尤其是诸子学研究时附带论述到子书叙事的一些问题。如章学诚《文史通义》、钱穆《国学概论》、傅斯年《诸子论稿》、徐复观《两汉思想史》、蒋伯潜《诸子通考》等著作中，都有关于诸子叙事内容及方式的讨论，虽然较为零散，然而却有深刻独到的见解，对于本论题研究颇具启发价值。例如，章学诚在《文史通义》中秉承“六经皆史”的原则，不仅建构出从“事”“史”“六艺”“诸子”到“文集”的演进体系，而且，对史书的叙事原则、特征进行了详尽论述，他对中国以史书叙事为主的叙事传统进行了总结。章学诚的这种总结，不仅是从经、史的理论思考角度出发，更是从具体的叙事技巧即“为文”的角度进行，例如他指出：“叙事之文，所以难于序论辞命者，序论辞命，先有题目，后有文辞，题约而文以详之，所谓意翻空而易奇也。叙事之文，题目即在文辞之内，题散而文以整之，所谓事征实而难巧也。翻空之文，但观古人所作，可以窥其意匠经营，为其文成而题故在也。征实之文，徒观古人所作，一似其事本自如是，夫人为文，必当如是叙述，无由窥作者之意匠经营。为其题在文辞之内，文成而题已隐也。自非离析其事，无由得其所以为文，此以纪传体例贯串编年之所资也。且非萃合诸家之同事异叙，同叙异言之互见，无由通其文境之变化，此以《左传》事实，参互子史诸家同异之所资也。”①这是他在深入剖析不同叙事形式的基础上，对不同叙事类型特征作出的揭示。傅斯年研究了战国文籍的篇式、书体，指出先秦书体、书例的特性，即“著作者”的观念不明了，记言之书多不是说者自写，所托有远有近，战国文籍“有篇而无部”，其成部

① （清）章学诚著，仓修良编注：《文史通义新编新注》，商务印书馆2017年版，第415页。

是由汉朝人集合的。著作在从官方到私人的过程中，经历了从记言之书、成篇之著论到系统成书的演变，这种文体的演进也影响了文辞的演变。①徐复观在《两汉思想史》中对《韩诗外传》《新序》《说苑》《盐铁论》及《史记》等汉代具有代表性的经典著作进行了集中研究，不仅包括对其思想内容的探讨，也包含了对其叙事的论述，例如在谈到《韩诗外传》时，就分析了从先秦到西汉思想家表达思想的两种方式：一种是以《论语》等诸子著作为代表，直接表达自己的思想，加以概念的说明；另一种属于《春秋》的系统，把自己的思想用古人言行表达出来，这是诸子著作表达的特殊方式。② 这些研究对于我们深入历史文本语境了解文本产生及其面貌的形成具有启发意义。

第二，从叙事学、文体学角度出发的研究。近年来，运用叙事学、文体学理论观照中国古代文学、文化研究的方法兴起，学界关于构建民族化叙事理论的呼声也越来越高。由于中国传统叙事形态与西方叙事形态存在较大差异，套用西方叙事学理论解释中国叙事现象不免出现削足适履的情况。贴近中国叙事的文化语境，建立中国叙事学理论，成为学术研究的热点之一，其中不乏对子部叙事的研究。傅修延的《先秦叙事研究——关于中国叙事传统的形成》(1999)、王靖宇的《中国早期叙事文研究》(2003)、杨义的《中国叙事学》(2009)等专著，都涉及子书叙事的某些方面问题。例如，傅修延通过研究先秦时期诉诸各种传播媒介，如甲骨青铜、卦爻歌辞、神话史传、诸子言论、民间文艺与宗教祭祀等的叙事形态，探索叙事行为发生、成长与壮大的痕迹，勾勒出中国叙事传统形成之初的基本轮廓。③ 王靖宇主要关注三个问题，即如何从一般叙事学的角度来分析和阅读早期叙事文，如何看待历史叙述与虚构故事之间的关系，以及如何重新审视、研究早期叙事文所遇到的考证上的难题，他关于《左传》《史记》等史

---

① 傅斯年：《傅斯年史学论著》，上海书店出版社 2014 年版，第 156~159 页。

② 徐复观：《两汉思想史》(第三卷)，华东师范大学出版社 2001 年版，第 1 页。

③ 傅修延：《先秦叙事研究——关于中国叙事传统的形成》，东方出版社 1999 年版。

书及中国早期叙事的研究，对回答这些问题作了探索。① 杨义则从中国传统精神文化内涵出发，从叙事学中的结构、时间、视角、意象、评点等要素出发来观察分析中国叙事作品，以西方文化与西方叙事学为参照，将中国叙事学中模糊、细碎、分散的成分和要素进行系统性整合、贯通，使其成为一个较为清晰完整的形象，显示出构建中国叙事学理论体系的学术旨趣。②

从文体学上的考察，如吴承学《中国古代文体形态研究》(2000)、郗文倩《中国古代文体功能研究——以汉代文体为中心》(2010)，都对中国古代文体功能、形态进行了研究。吴承学的《中国古代文体形态研究》分别选择先秦盟誓、唐代判文、明代八股文等进行个案的清理和研讨，并对文体学理论作了历史和逻辑性梳理，作者在书中指出："本世纪以来，我们的文学史研究主要是受到西方学术的影响，而在古代文体形态的研究对象和范围方面，往往未能从实际出发，对中国古代原来非常重要的一些文体形态相当忽视。因为从现在的眼光看，古代许多重要的文体形态是'非文学'的文体形态，但是在中国古代实用文体形态与文学文体形态是浑成一体的。因此，我们的古代文体史研究，一定要从中国古代文体形态的实际情况出发，避免以西方的文体形态分类学的框框来套用，削足以适履。"③郗文倩的研究则从功能角度对中国古代文体作了深入的研究，对汉代文体从对功用的依赖到文体与功用分离的历时性梳理，尤其是文体价值序列的讨论，都是发前人所未发的中肯之论。此外，也对汉代部分文体进行实证性研究，如对隐语与赋体、赋与颂、人物像赞、俳谐文、告地书、买地券、镇墓文等各种文体的讨论，既遵循了从功能着手进入文体的基本精神，又充分利用了既有的文物考古成果，为汉代文体研究提供了新视角。④

① [美]王靖宇：《中国早期叙事文研究》，上海古籍出版社2003年版。

② 杨义：《中国叙事学》，商务印书馆2019年版。

③ 吴承学：《中国古代文体形态研究》，中山大学出版社2000年版，第2页。

④ 郗文倩：《中国古代文体功能研究——以汉代文体为中心》，上海三联书店2010年版。

此外，郭绍虞《试从文体的演变说明中国文学之演变趋势》①、宁稼雨《关于构建中国叙事文化学的设想》②、钱志熙《论中国古代的文体学传统——兼论古代文学文体研究的对象与方法》③、郭英德《中国古代文体形态学论略》④、李炳海《关于中国古代文体的思索》⑤等论文，提出了关于建设古代叙事和文体研究体系的构想，为子书叙事作了方法论上的有益探讨。

重点针对子书的研究。主要有黄朝阳《中国古代的类比：先秦诸子譬论》(2006)、过常宝《先秦散文研究——早期文体及话语方式的生成》(2009)、杨义《文学地图与文化还原：从叙事学、诗学到诸子学》(2011)、张瑞《先秦"说"体文叙事传统研究》(2015)、廖群《先秦说体文本研究》(2018)等著作。对先秦及秦汉散文的研究绕不开对诸子文本的研究，如陈平原发表《从言辞到文章　从直书到叙事——秦汉散文论稿之一》《百家争鸣与诸子遗风——秦汉散文论稿之二》等系列文章对秦汉散文展开论述。过常宝在《先秦散文研究——早期文体及话语方式的生成》中从文体探源、文体功能及文体演变诸方面对先秦散文进行研究，认为先秦时期是文化、政治、官制、社会习俗等急剧变化发展的时期，不同文化层面的信仰、传播、组织方式，不同社会阶层的职事、行为方式等，都对文献本身产生影响。在此背景下，不但甲骨卜辞、《尚书》、易卦爻辞、史传文献、诸子散文、纵横家说辞各有自己的文化渊源文化功用，而且，每一类文献内部的不同种类文本，如史传散文中的经和传、记事体和记言体，《易》中的卦、爻辞和大传、系辞等，其文体形态都受文化

① 郭绍虞：《试从文体的演变说明中国文学之演变趋势》，《照隅室古典文学论集》，上海古籍出版社 1983 年版。

② 宁稼雨：《关于构建中国叙事文化学的设想》，《厦门教育学院学报》2009 年 3 月 20 日。

③ 钱志熙：《论中国古代的文体学传统——兼论古代文学文体研究的对象与方法》，《北京大学学报》2004 年第 5 期。

④ 郭英德：《中国古代文体形态学论略》，《求索》2001 年第 5 期。

⑤ 李炳海：《关于中国古代文体的思索》，《学术交流》2010 年第 7 期。

功能制约。① 这是从整体上对先秦文体的研究。

在具体文体上，先秦说体文作为一种特殊的文体，受到学界的关注。张瑞从先秦说体文释名、说体文的形成及演变、存在形态及特征、叙事特征、说体文的虚构特征等方面入手开展研究，并且认为，说体文叙事传统是中国古代小说文体渊源之一。② 廖群进一步对先秦说体文本进行了研究，其研究内容包括对先秦《左传》《国语》等说体文本进行整理与研究、《韩非子》《吕氏春秋》说体故事的整理与研究、西汉著作中的先秦说体故事、出土文献与先秦说体故事的补遗与研究、先秦说体的文本特征、先秦说体文本的传播途径等，具有文献与理论的双重价值。③

诸子叙事、子史叙事关系也受到关注。李炳海对先秦诸子著作的文体种类、属性、文本形态和特色进行了论述，认为诸子著作的文体名称往往与文体的属性有密切关联。由于诸子著作的成书方式存在口传笔录与作者直接书写、个人独撰与集体编写的不同，文本形态也出现许多差异。先秦诸子的文章，可划分为简约型和繁复型两种类型，这是两条并列的曲线，而不是一条直线。并且，先秦诸子著作的个体风格，可以根据作者的社会角色加以界定，这样可以显示出彼此之间的差异。他认为，把先秦诸子著作概括称为说理文，用语录体和对话体、专论体为线索去描述诸子文章的演变，都是不符合历史实际的做法。④ 叶庆兵以先秦子书对"孔子厄陈蔡"故事的不同演绎为例，通过文本分析发现，诸子争鸣的时代氛围为先秦叙事文学的发展创造了必要的条件，促进了叙事文学的兴起与叙事手段、方法的更新，并且促生了丰富多样的叙事文学作品。因此，诸子争鸣在先秦

---

① 过常宝：《先秦散文研究——早期文体及话语方式的生成》，人民出版社2009年版。

② 张瑞：《先秦"说"体文叙事传统研究》，中国社会科学出版社2015年版。

③ 廖群：《先秦说体文本研究》，中央编译出版社2018年版。

④ 李炳海：《先秦诸子著作的文体种类、属性及文本形态和特色》，《励耘学刊》2012年第1期。

叙事文学发展中具有不可替代的重要价值。① 诸子叙事也成为学位论文选题的来源，如薛秀艳《诸子叙事研究——以〈韩非子〉〈吕氏春秋〉〈淮南子〉为中心》从诸子叙事产生的文化背景、内容与影响方面入手分析，选取《韩非子》《吕氏春秋》《淮南子》三部子书进行研究，最后指出了诸子叙事对后世文学发展的三种影响，一是诸子叙事的宏大体系对后世叙事文学“以类相从”的体例的形成具有重要的意义；二是诸子叙事的议论与叙事兼备的文献呈现方式对后世叙事文学尤其是小说发展产生巨大的影响；三是诸子“叙事以明理”的特点对“意在笔先”的思维方式的形成有一定影响。② 陈雯《汉代诸子寓言研究》对汉代诸子寓言的产生背景、主题形态、表述方式、人物塑造等进行了研究。③

自先秦至西汉初，子、史处于从含混不清逐渐走向分离、定型的时期，因此二者的关系也成为学界讨论的热点。徐君辉在《战国诸子叙事与中国古代史传文的成熟》一文中指出，中国古代史传文虽然早在商周时代就已出现，但直到司马迁《史记》问世后方臻成熟。在这一漫长发展过程中，战国诸子叙事起到了非常重要的促进作用。无论是在叙事结构安排、人物刻画手法，还是事议兼顾的叙事精神上，战国诸子叙事实践都对汉代司马迁《史记》的创作产生巨大的影响。④ 徐建委通过对《史记》中先秦诸子列传的分析，梳理了先秦至战国人物故事系统，认为战国秦汉时代先秦人物故事存在两个相对独立的系统：一是《春秋》材料系统，特别是《左传》中的人物故事；二是后来结集为诸子书的人物故事。他认为，司马迁《史记》中先秦人物列传主要取自诸子书故事类型，而非《左传》类型。《史记》中先秦诸子列传具有为诸子书立传的意图，这正反映了当时诸子与子书文献联

① 叶庆兵：《诸子争鸣与先秦叙事文学勃兴——以“孔子厄陈蔡”故事的演绎为中心》，《中国石油大学学报》2021 年第 3 期。

② 薛秀艳：《诸子叙事研究——以〈韩非子〉〈吕氏春秋〉〈淮南子〉为中心》，西南大学 2007 年硕士学位论文。

③ 陈雯：《汉代诸子寓言研究》，湖南师范大学 2015 年硕士学位论文。

④ 徐君辉：《战国诸子叙事与中国古代史传文的成熟》，《贵州社会科学》2010 年第 12 期。

结的现象，从《史记》中可以看出汉武帝时代子书流传的情况，也可以看出诸子学术的分布，如齐地学术是西汉学术的重要源头。① 常森通过分析先秦时期史传、诸子等文本中的自我代入、历史虚构性、故事流传形态等方面问题，指出中国“小说”观念可能在战国中期已经形成，而实际的小说作品几乎早于任何一种传世的书籍。偏执于现代“小说”观念，将魏晋以前小说千百年的存在归结为“小说之史前”，颇有历史虚无主义的倾向。他认为，中国早期小说拥有最广大的创作、传播和接受者，但由于高度依赖口耳相传，绝大多数作品未能转化为文本形态而大量失传。不过，早期小说的叙事和想象具有超越学派区隔的更普遍的社会基础，因此广泛存在于先秦史传、诸子、辞赋等各种文类中，在诸子各派持开放心态的情况下，小说作品更被大量接纳，用于营构寓言的能指，同一小说的不同口传形态在诸子的宏大论说中颇有留存，凸显出一系列可识别的语文特征。②

作为子书叙事的重镇，对小说的研究势必也会推动我们对子书叙事的认识。陈文新《文言小说审美发展史》(2007)实际上已从“辨体”角度对子书叙事的审美特点作出了精彩的揭示，将中国文言小说、传统叙事学研究推向了新境。③《论子部小说的文类特征》集中论述了子部小说在叙事上的特点，文章指出，与传奇小说、话本小说、章回小说这三种小说类型相比，子部小说的文本指向以诉诸理性为主，而不是以诉诸感情为主；与诸子中“可观”的“九家”相比，子部小说更多关注日常生活中的治身理家，而不是天下兴亡、军国大事。诉诸理性而以治身理家为关注中心，可以视为子部小说的基本特征。与此相关，子部小说还有其他三个重要面相：第

① 徐建委：《因书立传：〈史记〉先秦诸子列传的立意与取材》，《陕西师范大学学报》2021年第1期。

② 常森：《先秦史传、诸子及辞赋中的“小说”叙事和想象》，《北京大学学报》2017年第2期。

③ 陈文新：《文言小说审美发展史》，武汉大学出版社2007年版。另参见陈文新、王炜：《传、记辞章化：从中国叙事传统看唐人传奇的文体特征》(《武汉大学学报》2005年第2期)、陈文新《论子部小说的文类特征》(《文学遗产》2016年第1期)等文章。

一，可以适度虚构，但须回避细节和现场感；第二，小说人物的生平是否完整并不重要，人物社会关系也往往可以忽略；第三，第三人称限知叙事始于六朝志怪，这是子部小说的一个重要创获。① 宁稼雨对诸子、史传与小说生成的关系有专门探讨，发表了《诸子文章流变与六朝小说的生成》《论史书的“凭虚”流向对六朝小说生成的刺激作用》等文章。在前文中，作者对先秦诸子、史传文学、神话传说及诗赋等文章样式的共同演变趋势进行了分析，指出其从严谨走向松散、从凝固趋于自由这一发展的总趋向，并认为这为六朝小说的萌生创造了必要的条件。通过分析先秦诸子的文章，一方面发现在它们走势上由纯粹阐发哲理向着具有传说功能和以故事叙述作为辅助手段的演变发展，这恰为诸子文章向小说的过渡提供了重要契机；另一方面，诸子文章的说理内核也同时为小说家所继承，成为后代小说的基本特质之一。② 后文则着重论述了史书所经历的从庄严肃穆走向轻松活泼的过程，即所谓“据实”向“凭虚”的走向，认为这同样为六朝小说的出现提供了契机。③ 陈洪《中国早期小说生成史论》(2019)利用出土文献和传世文献，考证了先秦两汉时期的小说的发展史问题，提出若干新的观点，他认为，中国在汉代以前即有小说，只是其形态与魏晋以后的小说有所不同。早期小说的基本形态是“譬喻故事+议论”，即桓谭所谓“譬论”，故事只是小说生成的母体，议论才是小说的核心追求。《说苑》是这种形态小说与议论文形成的分水岭，志怪只是譬喻故事的一种形态。④

此外，还有一些专著和论文也论及相关内容，如莫芝宜佳《中国中短篇叙事文学史：从古代到近代》(2008)、浦江清《论小说》⑤、仇洪伟《论先秦两汉的说与小说》⑥等，都对中国早期“小说”的概念和内涵作出了考察。

① 陈文新：《论子部小说的文类特征》，《文学遗产》2016 年第 1 期。

② 宁稼雨：《诸子文章流变与六朝小说的生成》，《南开学报》1998 年第 4 期。

③ 宁稼雨：《论史书的“凭虚”流向对六朝小说生成的刺激作用》，《天津师大学报》1999 年第 3 期。

④ 陈洪：《中国早期小说生成史论》，中华书局 2019 年版。

⑤ 浦江清：《浦江清文选 · 论小说》，北京大学出版社 2010 年版。

⑥ 仇洪伟：《论先秦两汉的说与小说》，《缀玉集》，北京大学出版社 1990 年版。

李剑国发表了系列论文探讨古小说的起源及其特征，如《小说的起源与小说独立文体的形成》①《早期小说观与小说概念的科学界定》②《古小说的文化阐释与叙事阐释》③。他认为，从古小说的起源来看，可以概括为“故事—史书—小说”这种小说发生学模式，从叙事意义上说，小说起源于故事，从小说的孕育母体上看也可以说小说起源于史书。小说叙事源头的故事大体可以概括为神话传说、地理博物传说、宗教迷信故事、历史遗闻、人物逸事五大类，从故事到小说，中间存在着史书这一过渡环节，这与史书的分化有关，当史书分离出一种合乎小说文体的独立文本时，便意味着小说的诞生。④ 通过对早期小说的考察，他指出，中国小说史上战国至六朝时期的早期小说观念只是一个准文体概念，揭示了小说的“道听途说”“丛残小语”的特性，缺乏对其文体要素的说明，早期小说的功能观表现为伦理功能、政治功能、知识功能和娱乐审美功能，而科学地界定“小说”概念，应遵循叙事原则、虚构原则、形象原则和体制原则。⑤ 赵逵夫《论先秦时代的讲史、故事和小说》⑥(《文史哲》2006 年第 1 期)、徐君辉《试论“史统散而小说兴”》⑦(《内蒙古社科》2009 年第 2 期)、董乃斌《诸朝正史中的小说与民间叙事》⑧(《文学评论》2006 年第 5 期)等文章从多个角度探讨了先秦时期小说与史书叙事发展的关系。此外，江治宏《汉代子书的小说因

---

① 李剑国：《小说的起源与小说独立文体的形成》，《锦州师范学院学报》2001 年第 3 期。

② 李剑国：《早期小说观与小说概念的科学界定》，《武汉大学学报》2001 年第 5 期。

③ 李剑国：《古小说的文化阐释与叙事阐释》，《河南师范大学学报》2010 年第 5 期。

④ 李剑国：《小说的起源与小说独立文体的形成》，《锦州师范学院学报》2001 年第 3 期。

⑤ 李剑国：《早期小说观与小说概念的科学界定》，《武汉大学学报》2001 年第 5 期。

⑥ 赵逵夫：《论先秦时代的讲史、故事和小说》，《文史哲》2006 年第 1 期。

⑦ 徐君辉：《试论“史统散而小说兴”》，《内蒙古社科》2009 年第 2 期。

⑧ 董乃斌：《诸朝正史中的小说与民间叙事》，《文学评论》2006 年第 5 期。

素研究》①(河北师范大学 2010 年硕士学位论文)从子书叙事与小说发展关系的角度考察了汉代四部子书叙事作品，与本文的关注点相似。

第三，从文化学角度对汉代文化与文学的互动进行观照。于迎春《汉代文人及其文学观念的演进》(1997)，杨树增《盛世悲音——汉代文人的生命感叹》(2001)，查屏球《从游士到儒士——汉唐士风与文风论稿》(2005)，陈桐生《天柱断裂之后——战国文人心态史》(2001)、《史记与诸子百家之学》(2006)等著作有助于我们从汉代文学生态方面去把握汉代各种文体形成的原因，其中也包括子书。于迎春从汉代政治发展、文人心态的演变角度梳理了文人的观念的变化，勾勒出从大一统帝国文化品貌背景和儒学的主流意识形态下到经学逐渐衰落、道家思想兴盛的社会文化转变过程，以及文人精神的发展变化与汉末文学走向自觉的历史过程。② 查屏球则分析了从战国到汉代游士的失落与经师文学的兴起，认为汉武帝时代是中国封建社会出现的第一个盛世，也是帝制时代士人文化品格的形成期。与前期战国时代相比，士人精神发生了根本转变：士人由王师君友沦为弄臣家奴，失去了人格的平等与自尊；由天下游士变为一主之臣，失去了自由意识；由布衣之士多变为食禄之士，失去了独立性；由四民之士变为儒臣之士，失去了主体意识。汉代士人精英也由战国诸子转变为经师，此前的个性化喧嚣也转变成规范化的学术思考，他们倾尽心力为汉王朝建立起儒家化的意识形态。③ 陈桐生主要从“整齐百家语”的角度探讨了司马迁《史记》与诸子的关系。④ 这些研究对于我们理解西汉文学生态与文学发展都有启发意义。

对西汉子书叙事作品的研究，主要集中在《韩诗外传》《淮南子》《说苑》《新序》等作品上。

对《韩诗外传》的研究主要集中在对其性质的探讨、对其与小说发展关

① 江治宏：《汉代子书的小说因素研究》，河北师范大学 2010 年硕士学位论文。
② 于迎春：《汉代文人与文学观念的演进》，东方出版社 1997 年版。
③ 查屏球：《从游士到儒士 汉唐士风与文风论稿》，复旦大学出版社 2005 年版。
④ 陈桐生：《〈史记〉与诸子百家之学》，安徽大学出版社 2006 年版。

系的研究上。艾春明《〈韩诗外传〉研究》(2010)是对该书的综合研究，对《韩诗外传》的作者和版本流传、研究历史、解诗之说、书中士林风貌与士之类型、故事性等方面进行了研究。如在对《韩诗外传》故事性的考察方面，选取书中154章作为叙事文本，并分析了其中140多章叙述性文字，根据其叙事成熟程度、故事完整性、叙事形态多样性等因素，划分为简单型、完整型和成熟型三类。此外，依据叙事要素分为对话型、梗概型、突出事件型、突出人物型等。① 于淑娟《〈韩诗外传〉研究——汉代经学与文学关系透视》(2011)主要从经学与文学关系的角度对《韩诗外传》进行研究，从汉初经传传授形态与思想倾向、《韩诗外传》的文本性质、儒家诗学传授体系的内部生成、《韩诗外传》对史传文学的接受和影响，以及《韩诗外传》的亚宗教考验主题故事等方面展开探讨。②

《韩诗外传》的文本性质、它与小说的关系如何，是研究的热点问题。学界普遍认为，《韩诗外传》对中国小说叙事有重要影响。对于《韩诗外传》的性质，历来就有争议，究竟是偏于子书性质的著作，还是经传之作？近年来，学界更多地认同其偏向子部说理之作的性质，至少也是一种特殊的经传，不同于传统诂经之作。袁长江在《说〈韩诗外传〉》中认为，《韩诗外传》是一部讲解义理的著作，而不是讲解《诗经》的书，它的引诗不同于说诗，更不同于解诗，它的内容经过了后世按《诗》的整理，故而显得杂乱，但从内容仍可看出主要意图是讲礼义、道德和治国之道，思想上以儒家为主，但也兼有法家，主要是为汉朝统治者提供理论根据。③ 王培友的研究指出，今本《韩诗外传》是唐代之前析分或重编的，在内容上特别重视礼与德、重视士的节义与品行、重视探讨治理国家的方法，《韩诗外传》是以“解经”的名义行使“主文谲谏”的政治干预功能，《韩诗外传》以故事解经是受西汉当时普遍文化风气影响形成的特点，它“即事而发议论”的讲经方

① 艾春明：《〈韩诗外传〉研究》，辽宁大学出版社2010年版，第58~72页。

② 于淑娟：《〈韩诗外传〉研究——汉代经学与文学关系透视》，上海古籍出版社2011年版。

③ 袁长江：《说〈韩诗外传〉》，《中国韵文学刊》1996年第1期。

式，可以视为中国民间通俗小说的源头之一。① 马振方侧重考察了《韩诗外传》自觉虚构的品格特征，指出它们非但不是史实，也不是虚实莫辨的历史传说，而是好事者有意虚构与创造的结果，其中分为三种情况：显见的悖理与妄诞之作，与史书或相关文献资料相左之作，仿改别文之作。② 此外，也有讨论《韩诗外传》中的小说因素，③ 以及对《韩诗外传》与刘向《新序》《说苑》二书进行叙事比较的研究。例如，杨波通过对《新序》《说苑》与《韩诗外传》同题故事的比较，梳理故事类编体裁的演进轨迹和编辑原则，即从《韩诗外传》到《新序》《说苑》，历史故事集从编辑原则到内容分类呈现逐步定型化的趋势，并且，认为这体现了刘向凸显政治主题、彰显砥砺士节的个人审美趣味。④ 此外，《韩诗外传》也成为学位论文选题的热点，中国知网收录的相关硕士学位论文有《〈韩诗外传〉研究》(西北师范大学2005年硕士学位论文)、《〈韩诗外传〉研究》(东北师范大学2008年博士学位论文)、《论〈韩诗外传〉的性质及其思想意义》(湖南师范大学2007年硕士学位论文)、《〈韩诗外传〉研究》(四川师范大学2010年硕士学位论文)、《〈韩诗外传〉研究论略》(福建师范大学2006年硕士学位论文)等约26篇。博士学位论文则有樊东《〈韩诗外传〉著述体例及相关问题研究》(上海大学2016年博士学位论文)等2篇。可见，《韩诗外传》的确是研究汉代子书叙事的重要作品。

对《淮南子》叙事的研究主要集中在这样几个方面：第一，对《淮南子》中神话、寓言、历史传说的研究。《淮南子》保存了先秦时期大量神话传说、寓言故事，一直以来受到人们的关注。黄悦主要从神话叙事角度进行研究，从《淮南子》的神话结构、汉代的神话重述及其功能、《淮

① 王培友：《〈韩诗外传〉的文本特征及其认识价值》，《孔子研究》2008年第4期。

② 马振方：《〈韩诗外传〉之小说考辨》，《北京大学学报》2007年第3期。

③ 孟庆阳、武薇：《试论〈韩诗外传〉中的小说因素》，《平原大学学报》2006年第1期。

④ 杨波：《〈新序〉〈说苑〉与〈韩诗外传〉同题异旨故事比较》，《兰州学刊》2007年第12期。

南子》神话的文化语境、与早期道家思想的关系、《淮南子》中的女神等方面对《淮南子》进行了研究。①《淮南子》对上古神话的整理也受到关注，有文章指出其整理和改造上古神话的特点，即以方位空间构架网罗神话、以阴阳五行改造神性、以天人感应界定神人关系。② 也有文章注意到《淮南子》与先唐志怪小说的关系。③ 第二，对《淮南子》的文学性、文体特点和叙事性的分析。马庆洲认为，《淮南子》有很强的文学色彩，主要体现在四点：一是保存许多神话传说；二是具有高超语言艺术，运用丰富的修辞手法，赋体特征明显，骈俪色彩浓厚；三是对先秦寓言有继承和发展；四是总体结构完整，显示出在文章学上的进步。④ 孙纪文分析了《淮南子》中“论体”“解体”“术体”“式体”“格言体”“诠释体”“序体”七种文体。⑤ 薛秀艳从叙事结构、叙事逻辑和叙事状貌三方面对《淮南子》的叙事要素进行了分析，认为《淮南子》的叙事表现为整体性的叙事思维，圆形的叙事结构，言事以证道的叙事逻辑等，呈现出实用叙事、虚实混融、厚古薄今的叙事状貌。⑥

刘向及其所编撰的几部叙事作品，近年来有专门研究成果出现，专著方面，有郝继东《刘向及〈新序〉述评》(2008)、王启敏《刘向〈新序〉〈说苑〉研究》(2011)、徐建委《文本革命：刘向、〈汉书·艺文志〉与早期文本研究》(2017)、李景文《刘向文献编纂研究》(2020)等著作。郝继东的著作具有“述评”性质，对刘向的生平、著作、各领域成就以及《新序》在成书、文学、社会、历史、文献、材料处理、价值等方面问题的学术研究进行了

① 黄悦：《神话叙事与集体记忆 淮南子的文化阐释》，南方日报出版社 2010 年版。

② 赵自勇：《〈淮南子〉对上古神话的整理》，《安徽史学》2009 年第 4 期。

③ 洪静、王守亮：《〈淮南子〉与先唐志怪小说》，《东岳论丛》2014 年第 8 期。

④ 马庆洲：《〈淮南子〉研究》，北京大学 2001 年博士学位论文。

⑤ 孙纪文：《〈淮南子〉中的文体形态及其深层意义》，《福州大学学报》2005 年第 3 期。

⑥ 薛秀艳：《〈淮南子〉叙事要素研究》，《西南农业大学学报》2006 年第 2 期。

述评。① 王启敏主要对刘向《新序》《说苑》二书的背景、思想、内容、叙事说理与文艺观念等问题进行了研究，其中，在二书的叙事和说理方面，主要分析了其在叙事中显“理”的特征和方式，叙事的戏剧性呈现与形象说理，叙事说理对子、史的承传等问题。② 徐建委对早期文本流传、编纂的形态和特征进行了研究，尤其是对先秦至汉初“公共素材”流传样态的变化，战国秦汉文本的综合性，以及汉代对先秦文献的整理、厘定等问题的研究，较多创见，对于我们理解先秦、秦汉文献文本状态有很大的启发。③ 李景文主要考察了刘向著作的编纂问题，从先秦文献编纂历史、西汉时期的官藏文献、刘向的文献编纂实践和思想等方面入手进行研究，其中谈到了刘向三书的编纂与特色。④ 刘向三书也成为学位论文选题的热点，相关论文有：《论刘向的三部书与小说的关系》(曲阜师范大学 2007 年硕士学位论文)、《刘向及其文学成就研究》(西北师范大学 2004 年硕士学位论文)、《刘向及其文学成就》(北京语言大学 2004 年硕士学位论文)、《刘向〈列女传〉及其文本考论》(复旦大学 2010 年硕士学位论文)、《刘向〈列女传〉研究》(福建师范大学 2008 年硕士学位论文)、《刘向〈列女传〉试论》(四川大学 2007 年硕士学位论文)，《〈说苑〉研究》(武汉大学 2004 年硕士学位论文)、《刘向〈新序〉〈说苑〉中的节士形象初探》(苏州大学 2008 年硕士学位论文)、《〈说苑〉的成书及其文学价值》(苏州大学 2009 年硕士学位论文)，《〈新序〉研究》(首都师范大学 2006 年硕士学位论文)等。这些研究主要集中在对刘向的政治活动背景与作品创作、作品的艺术特色分析、作品引书及文献编纂活动等方面。

从以上的研究中，我们可以看到，从叙事学角度对子书进行研究不仅是富有开拓意义的学术增长点，同时也将成为未来研究的热点方向。

---

① 郝继东：《刘向及〈新序〉述评》，线装书局 2008 年版。

② 王启敏：《刘向〈新序〉〈说苑〉研究》，安徽大学出版社 2011 年版。

③ 徐建委：《文本革命 刘向、〈汉书·艺文志〉与早期文本研究》，中国社会科学出版社 2017 年版。

④ 李景文：《刘向文献编纂研究》，人民出版社 2020 年版。

第三节　内容概要

提起子书，人们首先想到的是“哲学”和先秦诸子。在现代学术体系中，子部对应的是哲学学科，不过，在传统四部之学的学术系统中，子书不仅是重要的思想载体，同时也是文学的渊薮。人们对子书的评价，不仅关乎它是否代表了特定的学术流派、体现了独特的学术思想，而且关乎其“文章”风格。诸如，人们评价先秦诸子，除了关注诸子各派的学术思想，也会关注《论语》《孟子》《庄子》《韩非子》等诸子代表作品的文学价值与特点。

其中，值得注意的是子书的叙事传统与特征。从中国叙事传统发展的历程来看，先秦时期是子、史、集部叙事传统形成的时期，中古时期子、史叙事交融孕育出了六朝小说，唐代史部、集部叙事融合，形成唐传奇的独特叙事风格，宋元以后民间口头叙事传统大放异彩，俗文学发展至高峰。① 不过，我们应看到，即使近世民间文学繁荣发展，子、史叙事传统在中国叙事格局中仍然占有一席之地，如子部小说直到晚清、民国时期仍有数量可观的创作，受到知识分子的喜爱，它们对于中国传统文人与文化而言具有特殊意义。子书的叙事传统自先秦时期就已经开始形成。先秦诸子中包含了大量叙事内容，如神话传说、寓言故事、历史轶闻等，它们显示出与史书截然不同的叙事特点。本书关注的就是子书叙事在题材内容、叙事方式、叙事审美追求上的特征。我们观察子书叙事特征，选取了西汉时期几部代表性的作品——《韩诗外传》《淮南子》《新序》《说苑》。虽然它们的性质、风格不尽相同，但共同点是都具有较强的叙事性，能够代表子部叙事的特征，同时，反映了从西汉初期至后期叙事发展的基本面貌。

具体而言，本书正文共分四章，第一章为“绪论”，第二至四章主要从子、史叙事比较的角度出发，从题材内容、叙事方式、审美追求等方面论

① 陈文新：《论先秦时代的三种叙事类型》，《文学评论》2007年第5期。

述了西汉的子书叙事，此外，附录部分则关注了子部叙事在章回体小说、戏曲等不同文体中的回响与变异。

第二章从题材选择角度出发，研究西汉子书在叙事题材选择上的标准及原因。首先，子书叙事题材的选择标准不是实录，而是有助于说理，这与子部“以立意为宗”的旨趣是相关的，前人在衡量子书叙事作品时往往以史传叙事的“实录”原则为标准，从而导致误读。其次，子书中的神异叙事，随着秦汉时期史传叙事中历史理性的增强，作为传统知识体系的一部分、作为“神道设教”的重要手段，神怪之事在子书叙事中找到生存发展的空间，并且，其特点是注重题材本身的知识与思想性价值，这也基本确立了子部中这类题材书写的传统。最后，子书中有许多“逸出”历史叙事范围的叙事内容。对神话寓言、轶闻传说等，子书都尽充分搜罗之功，对史所不载的广阔故事天地表现出浓厚的兴趣，这与其助观览、补遗阙的功能有关。并且，子书叙事青睐“贤人”——有贤德的士人甚至庶人，将历史与现实、社会地位各异、来自不同阶层和职业的人物都纳入其书写范围，在叙事对象上较历史叙事更具广泛性和多元性。

第三章主要是从叙事方式的角度出发，研究西汉子书叙事观念、方式特征。主要观点有：首先，在叙事观念上，子书叙事则是为了“宣道”，他们往往持有一定的见解和立场，叙事的主观性较强。其次，叙事方式上，相较于史传叙事按照线性时间方式对叙述材料进行安排的“集合”方式，子书的“聚合”方式则强调叙事内容的内在逻辑关联，有意识地根据叙事内在主题，将不同的故事根据叙述意图进行重新组合编排，以发挥“故事群”的集团性力量；与史传叙事较为稳定的叙事速率相比，子书的叙事速率则可以大幅变化。

第四章从叙事审美角度出发，总结了西汉子书叙事的审美追求。首先，先秦时期叙事发展过程中，存在着偏重记事与偏重记言两种路径，形成了两类具有不同发展特点的叙事作品，其中，事语类叙事文献其实已经呈现出与子书叙事相近的形态，在结构形态和审美点上，它对于子书叙事的影响是不应忽视的。其次，子书叙事具有“片断性”的审美风神，主要表现在不追求完整结构的叙事，而注重展现片断性对话场景；与史传叙事的纪实性相比，具有一定的写意性；表现重大主题时，与史传叙事的凝重风格相比，力图回避叙事的沉重感，往往通过“因小见大”，以较为生活化的场景使叙事更为亲切、轻松。

附录中收录三篇文章，分别论述了与子部叙事相关的若干问题，一是以《淮南子》为例，分析了汉初子书叙事的赋化特征，二是探讨了《红楼梦》吸收子部叙事的问题，三是经典故事“齐人有一妻一妾”从子书到戏曲的文体迁移，即这一故事从《孟子》到明代孙仁孺的戏曲《东郭记》的叙事变化，以及改编的特点和原因。从这些问题可以看到，子部叙事在中国叙事格局中确实占有重要地位，并且，它在与史部、集部乃至俗文学叙事的交融、碰撞中，对中国叙事文学的民族传统和审美特征的形成起到了特殊作用。

第二章　理与逸：西汉子书叙事题材

春秋战国时代，伴随周王室政权衰落的是其历来重视的史官制度，乱世中史籍文献散佚，史官出走流落，他们往往不惜以生命来维护历史书写的尊严，这一事实恰恰从反面说明了史家叙事权威的衰落。

《隋书·经籍志》史部“正史类”序言谓此时“陵夷衰乱，史官放绝”①，因此，孔子才会作《春秋》、正名分。但他的身份是圣人，而不是史官，“知我者《春秋》乎，罪我者《春秋》乎”，多少透露出他的无奈。章学诚在《文史通义·易教上》中指出，“古人不著书，古人未尝离事而言理，六经皆先王政典也”②。罗根泽在《战国前无私家著作说》中进一步论述了这一说法，认为这一变化始于战国，“遍考周、秦古书，参以后人议论，知离事言理之私家著作始于战国，前此无有也”③。“离事言理”的时代趋势表明，上古政教制度与典章文献结合的官方叙事系统终结，此时史官叙事遭到暂时阻遏，而另一种叙事——子书叙事蓬勃兴起，成为新的时代风向。春秋战国是处士横议、诸子兴起的时代，子书不仅承担着议论古今、砺发思想的重任，同时也自觉扮演着记录时代的角色，事实上，先秦诸子中保存了大量历史、神话、民间传说等内容，从《老子》《论语》到《孟子》《庄子》《韩非子》，诸子叙事不断壮大。

西汉时期，面对汗牛充栋的先秦历史文献与民间传说、诸子杂说，子书叙事主要的历史任务是集合与整理，事实上，这项工作在此前已经开

---

① 《隋书》卷三十三，中华书局 1973 年版，第 956 页。

② 章学诚：《文史通义》，上海古籍出版社 2015 年版，第 1 页。

③ 顾颉刚编：《古史辨》第 4 册，《民国丛书》第 4 编，朴社 1933 年版，第 8 页。

始，秦统一以前大规模收集各类传说的子部作品，当推《韩非子》《吕氏春秋》。西汉时期继承了这一历史任务，武帝时期淮南王刘安组织宾客编撰《淮南子》，成帝时刘向编撰《新序》《说苑》等，体现了子书叙事发展的这一时代特点。

我们的问题是，既然是整理与集合，客观上，西汉子书叙事在题材上必然有相当部分与史书叙事内容是重合的，那么，子书叙事完全是对史书叙事内容的复制吗？西汉子书叙事是对先秦历史文献与民间传说、诸子杂说的简单接纳吗？从共时状态上看，它有没有体现出与史书叙事题材选择的不同的特点？从历时状态上看，它是否沾染时代特色而显示出对题材选择的偏好？回答这些问题并不容易，然而，至少有一点是应该承认的，纵然有诸多重合，在删汰补缀之间，西汉子书也会显示出子书叙事题材发展的微妙趋向。

第一节 理：子书叙事题材的选择标准

一、理：子书叙事选择标准

作为中国早期叙事的典范，历史著作成为衡量叙事文体的参考标准。我们不妨先看史书著作的叙事选择标准。自先秦以来，对历史著作叙事标准的探讨就已开始，并且至西汉初已形成比较成熟的、定型的历史叙事规范。

历史著作叙事规范的形成与先秦史官文化特征是分不开的，史官的官方角色及其职责使得历史著作叙事受到严格规范和限制。中国在商周时期就已经发展出较为成熟的史官文化。据文献记载，中国在夏朝时就设有史官，《吕氏春秋·先识》中说："夏太史令终古出其图法，执而泣之。"①"史"字在甲骨文、金文及其他先秦文献中频频出现，要想了解史官的职

① 徐小蛮标点：《吕氏春秋》，上海古籍出版社 2014 年版，第 344 页。

责，首先要了解“史”字的含义。东汉许慎《说文解字》解释“史”字说：“史，记事者也，从右持中，中，正也。”从字义中可以看到，“史”的本职是“记事”，这一点历来没有异议。不过对于“从右持中”，则众说纷纭。“右”通“又”，义为手，这是说史官手上持着“中”。对于“中”是什么，历来有不同的说法，有认为是“簿书”的，代表是清代的江永；有认为是“简册”的，代表有吴大澂、章太炎等①；另一种影响较大的观点代表是王国维，他在《释史》中系统考证了“中”字的含义，认为它指盛筭(算)之器、盛筴(策)之器，并非《说文解字》中解释的“中，正也”②。无论是何种解释，我们看到，史官具有掌管文献的职能，其官方文书记载者的身份特征十分明显。商代史官所担任的职责包括祭祀、占卜等。这些都与叙述活动相关，例如，就占卜而言，史官对占卜事宜的内容、过程、结果都要进行记载，这就是早期的历史叙述形态。此外，就祭祀而言，由于自商朝以来就流行祖先崇拜，祭祀的重要内容就是祀历代先王，史官还承担记载王朝世系的重任。相较于重视巫卜和鬼神的商王朝，周朝重视“以史为鉴”，留意于各种历史政治经验，因此史官文化日益发达，史官不仅记载王朝发生的重大事件，而且整理文献、编修史册，为统治者提供咨政的历史文献资源。《国语·周语》描述说：“故天子听政，使公卿至于列士献诗，瞽献曲，史献书，师箴，瞍赋，矇诵，百工谏，庶人传语，近臣尽规，亲戚补察，瞽史教诲，耆艾修之，而后王斟酌焉。是以事行而不悖。”③“史献书”正是当时发达的史官文化的真实写照。虽然东周以降周王室政治权威衰落，史官制度崩溃，但这种浓厚的史官文化依然影响春秋战国以来的中国社会。

史书选择内容的标准是“实”。史学家刘知幾在《史通·采撰》中专门论及这个问题。他认为，史家并非不需要兼采众长，很多时候，广泛地搜罗

① 参见吴怀祺主编：《中国史学思想通史》(先秦卷)，黄山书社2005年版，第189页。

② 参见吴泽主编，袁英光选编：《王国维学术研究论集3》，华东师范大学出版社1990年版，第82页。

③ (三国吴)韦昭注：《国语》，上海古籍出版社2008年版，第5页。

和采择史料，有助于更为完善、客观地构建史学叙事系统，在这一点上，他认为《左传》《史记》等是优良典范，“观夫丘明受经立传，广包诸国，盖当时有《周志》《晋乘》《郑书》《楚杌》等篇，遂乃聚而编之，混成一录。向使专凭鲁策，独询孔氏，何以能殚见洽闻，若斯之博也？马迁《史记》，采《世本》《国语》《战国策》《楚汉春秋》。至班固《汉书》，则全同太史”①。可见，史家并不排斥广征“异说”。只是，对“异说”的选择要有所甄别，并不是所有“异说”都可以采择，其来源、性质十分重要。

刘知幾指出，有这样几种不宜采用为史家叙事的内容：一是百家诸子中荒诞不经的神话传说以及图谶之类，“其失之者，则有苟出异端，虚益新事，至如禹生启石，伊产空桑，海客乘槎以登汉，姮娥窃药以奔月。如斯踳驳，不可殚论，固难以污南、董之片简，沾班、华之寸札。而嵇康《高士传》，好聚七国寓言；玄晏《帝王纪》，多采《六经》图谶。引书之误，其萌于此矣”②。二是小说，例如晋史中多采晋代小说如《语林》《世说》《幽明录》《搜神记》等，这些难登大雅之堂的内容不宜采入史书。三是“郡国之记，谱牒之书”，因为这些地方记载往往会夸大的事实，若史书采入而不加甄别就会有失其实。从刘知幾认为史书不宜采录的几类材料中，我们可以看到，史家选择叙事内容时的首要标准是“实”。无论是诸子中荒诞不经的神话传说，还是小说中的神怪、地方记载中夸大事实，除了有违儒家经典的精神之外，最重要的是无法辨别其来源与真实性，故而，传闻轶事、街谈巷议不应入史，“夫同说一事，而分为两家，盖言之者彼此有殊，故书之者是非无定。况古今路阻，视听壤隔，而谈者或以前为后，或以有为无，泾、渭一乱，莫之能辨。而后来穿凿，喜出异同，不凭国史，别讯流俗”③，“街谈巷议之损实”，反映了史家叙事重“实”的标准。

与史书重“实”的内容选择标准不同，子书叙事的选择标准是“理”。子书时常因不“实”而遭到批评，如《文心雕龙·诸子》所云“是以世疾诸子，

① （唐）刘知幾：《史通》，上海古籍出版社2008年版，第84页。
② （唐）刘知幾：《史通》，上海古籍出版社2008年版，第84~85页。
③ （唐）刘知幾：《史通》，上海古籍出版社2008年版，第85~86页。

鸿洞虚诞"①，然而，这是以史部标准来衡量子部叙事造成的误解。子部叙事在题材选择上的标准是有助于说"理"，而非必须是事实。

子书叙事重"理"而不重"实"，与其私学的立场有关。关于周秦诸子之学的兴起，传统社会有一种影响很大的说法，即"诸子出于王官论"。这种观点认为，西周时期政教不分，官师合一，自周平王东迁后，官学衰微，民间学术兴盛，政教、官师合一的情况改变，诸子学就是出于王官之学。班固在《汉书·艺文志》中根据刘歆《七略》论诸子学渊源之说，认为儒家出于司徒之官，道家出于史官，阴阳家出于羲和之官，法家出于理官，名家出于礼官，墨家出于清庙之守，纵横家出于行人之官，杂家出于议官，农家出于农稷之官，为诸子各派学说找到渊源。虽然"诸子出于王官"的观点在近现代以来受到质疑，但不可否认的是，诸子之学有着与官学截然不同的私学身份立场，相较于西周时期的学术特征，周秦时期的诸子之学已经褪去了强烈的官方色彩，而具有鲜明的"私"学特征，正如龚鹏程指出的，"王官之学，代表学术出于公家、公意，也施用于公众。孔子以后则是私学、私人著述，代表个人意见"②。由于只是代表"一家之言"，故而，子部叙事的首要任务是有助于其"立言"，事件本身蕴含的道理才是首要的，内容的真实性本身并不重要。章太炎《国故论衡·原学》说："诸子之书，不陈器数，非校官之业有司之守，不可按条牒而知，徒思犹无补益。要以身所涉历中失利害之端，回顾则是矣。……夫言兵莫如《孙子》，经国莫如《齐物论》，皆五六千言耳。事未至固无以为候，虽至非素练其情，涉历要害者，其效犹未易知也。是以文久而灭，节奏久而绝。"③这段话其实道出了诸子之学的特点，它并非如史学一样具有官学特征，记载典章制度、保存文献史实，而是关于治国、修身、处世等方面的知识和智慧，由此可

① （南朝梁）刘勰著，郭晋稀注译：《文心雕龙》，岳麓书社2004年版，第153页。

② 龚鹏程：《国学十五讲》，东方出版社2015年版，第132页。

③ 章太炎著，陈平原导读：《国故论衡》，上海古籍出版社2019年版，第125页。

见，子书重“理”而非“实”，正与其学术立场和特征有关。

子书叙事题材选择重“理”的标准，从先秦诸子开始就已奠定基础，战国时期谈辩、游说之风的盛行促进了诸子叙事的发展，儒、道、法、墨等各派虽然叙事风格不同，不过，它们对于内容题材选择的标准是一致的，都是为其“说理”服务。

自春秋末期开始，谈辩之风已滥觞，到战国时期，随着社会政治、经济条件的剧烈变动，文化与思想也日益活跃，动荡的社会为诸子放言开辟了空间，诸子谈辩的风气日盛。此外，战国时期诸侯间的吞并、竞争日趋激烈，各国纷纷招徕人才，不仅专门研究纵横之术的纵横家施展辩才游说于诸侯之间，而且，论辩剖析、游说人主成为战国时期士人的普遍风气。《文心雕龙·论说》云：“暨战国争雄，辩士云涌；纵横参谋，长短角势；转丸骋其巧辞，飞钳伏其精术；一人之辩，重于九鼎之宝；三寸之舌，强于百万之师……”①在此风气之下，诸子说理往往运用叙事，以产生更好的表达效果。论说、辩谈，其最终目的是使对方接受自己的观点，尤其是游说人主，必须采用生动、鲜明的方式使听众更容易接受，“说”的要义就在于此。刘勰认为，“夫说贵抚会，弛张相随，不专缓颊，亦在刀笔”，“凡说之枢要，必使时利而义贞；进有契于成务，退无阻于荣身”，“披肝胆以献主，飞文敏以济辞，此说之本也”②。“说”要注意触及关键，节奏张弛有度，这正为叙事的融入提供了空间。如果一味直接进行观点的陈述和议论，难免容易引起听众的疲乏，先秦强大的史官文化使人们普遍形成“载之空言，不如见之于行事之深切著明”的历史意识，叙事正是以“行事”与“空言”配合的方式。“说”的成功除了本身的义理之正以外，还有重要的一点是注意时机和方式，就方式而言，叙事是引发兴趣、设譬立论的重要手段，因此，广泛采择历史轶事、民间传说故事为说理服务，是诸子当时的

① （南朝梁）刘勰著，郭晋稀注译：《文心雕龙》，岳麓书社2004年版，第171页。

② （南朝梁）刘勰著，郭晋稀注译：《文心雕龙》，岳麓书社2004年版，第173、175页。

普遍情况。

当时影响较大的儒、墨、道、法诸家，它们各自的叙事内容特点有所不同，不过在不重纪“实”而重为说“理”服务这一点上是一致的。

孟子多采用民间传说故事来为论辩服务。《孟子》中如“拔苗助长”“楚人学齐语”“齐人有一妻一妾”“攘鸡”“弈秋”等故事显然来自民间，孟子善于从这些民间故事中发现其深刻寓意，并且将其融入说理中。例如《孟子》中叙述了有一人攘邻人之鸡的故事：“今有人日攘其邻之鸡者，或告之曰：‘是非君子之道。’曰：‘请损之，月攘一鸡，以待来年，然后已。’”(《孟子·滕文公下》)孟子讲述这个故事，是为了回应戴盈之关于“关市之征”的问题，他明知关税较重，然而想拖延“以待来年”，孟子没有正面回应，却以“邻家攘鸡”的故事讲述了“如知其非义，斯速已矣，何待来年”的道理，事实上明确了自己的观点。“攘鸡”故事从内容上看，有强烈的民间色彩，主角到底是哪国人，其事到底有无，都不可考，但无疑，这类故事确实有可能发生，并且，足以说明如果发现错误要及时改正这个道理，那么它便可以被子书采纳。《墨子》中也不乏“邻家之父”“染丝”“轮人与匠人”等故事，它们同样显示出较强的民间色彩。《庄子》的叙事则体现出道家重“意”更甚于“言”的特点，多是“空语无事实”的寓言。《庄子》为实现“立象以尽意”的目的，其叙事不仅涉及历史传说、民间故事，而且包含大量超越人类社会生活的寓言，从山川河流到鸟兽虫鱼、鬼怪仙人，无所不包，如河伯与海神、蟪蛄、蝼蚁、骷髅、神人等，即使是叙述人间，也热衷于叙述形象怪诞夸张的“畸人”，这些内容显然是出自庄子的想象和夸张，其目的是阐明内涵丰富的庄子之“道”。《韩非子》中同样搜集大量历史和民间故事，不过它们同样是为游说、辩论所储备的论据素材，因此重要的并非历史事实，而是有助于说理。例如，《韩非子》中所包含的历史故事比重偏高，有些是有明确的历史人物，而有些则并无明确身份，如《说林》中“有献不死之药于荆王者”“有欲以御见荆王者”“荆王弟在秦”等数条中，“荆王”及主人公的具体身份都不清楚，但很显然，它们有助于论辩说理。从以上分析可以看出，重“理”而不重“实”，是自先秦诸子以来就形成的传统，与处士横议、游士辩谈的社会风气有关。

至汉代，随着春秋战国时期政治、学术分裂环境的消失，大一统的政治环境已形成，儒家逐渐取得官方认可的主流地位，成为新的官方意识形态，在这种政治文化环境之下，诸子的“说理”向儒家思想价值主导下的“主文谲谏”政治功能演变，是否有利于陈说治国之道或劝“谏”帝王，仍是子书叙事的选择标准。

作为西汉初年子书的集大成者，《淮南子》中保存了大量古代神话、寓言传说，如共工触不周山（《天文训》）、女娲补天（《览冥训》）、后羿射日（《本经训》）以及塞翁失马（《人间训》）等。《淮南子》的叙事与其主旨有关。《要略》是全书的提要，说明了本书的宗旨：“故著书二十篇，则天地之理究矣，人间之事接矣，帝王之道备矣。其言有小有巨，有微有粗，指奏卷异，各有为语。……诚通乎二十篇之论，睹凡得要，以通九野、径十门，外天地，捭山川，其于逍遥一世之间，宰匠万物之形，亦优游矣。若然者，挟日月而不烑，润万物而不耗。曼兮洮兮，足以览矣；藐兮浩兮，旷旷兮，可以游矣。”①可见，《淮南子》有包罗天地宇宙和人间社会的宏大理论体系，如《天文训》是以天文为观察坐标，合律历而明自然与人事的变化，即《要略》中所说：“《天文》者，所以和阴阳之气，理日月之光，节开塞之时，列星辰之行；知逆顺之变，避忌讳之殃；顺时运之应，法五神之常。使人有以仰天承顺，而不乱其常者也。”②因此，《天文训》中叙述了共工触不周山的传说。《淮南子》原名《淮南鸿烈》，高诱认为“鸿烈”的意思是淮南王“以为大明道之言也”（高诱《〈淮南子〉叙目》）。《淮南子》的成书时间，约在汉武帝建元元年冬十月到建元二年冬十月之间，是淮南王向汉武帝进献，欲劝说其坚持汉初以来的黄老治国之道的著作。③ 淮南王组织门客编撰《淮南子》，正是在汉初黄老之道盛行之

① 陈广忠校点：《淮南子》，上海古籍出版社 2016 年版，第 533 页。

② 陈广忠校点：《淮南子》，上海古籍出版社 2016 年版，第 528 页。

③ 熊礼汇：《〈淮南子〉写作时间新考》，詹石窗主编：《百年道学精华集成》第 6 辑，上海科学技术文献出版社 2018 年版，第 202~295 页。

时。汉朝自文、景以来，奉行黄老思想治国，建元初正是窦太后当政时，她秉承汉文帝治国的方略，也规劝年轻的汉武帝奉行黄老治国之道，并且亲自干预政事，打击儒家势力，一时间朝堂被黄老道家思想所笼罩。建元元年冬，汉廷采取措施，以“乱国政”为由罢黜朝臣举荐的习法家、纵横之学的贤良之士，这就释放了朝廷坚持以黄老之道施政的信号。此时，本就赞同窦太后施政思想的淮南王，便乘时效法秦相吕不韦为秦朝统一提供治理方略而编著《吕氏春秋》的做法，组织宾客编撰一部以黄老思想为指导，为帝王提供大一统政治背景下治身理国方略的治道之书，即《要略》中所说“天地之理究矣，人间之事接矣，帝王之道备矣”。由于《淮南子》以黄老道思想为指导，故而，它对于天地、自然、人间的种种物态人情之理，治身理国之道，无所不包，因此，其叙事体现出强烈的道家色彩，并不局限于历史事实。

自汉武帝实行一系列政治、文化政策，从而真正完成政治、文化上的大一统之后，先秦以来的“子学时代”才真正结束。当儒家思想成为汉代主流意识形态后，子书叙事在新的时代条件下发挥“主文谲谏”的政治功能。这一点在西汉后期刘向的《新序》《说苑》中体现得十分明显。

关于《新序》《说苑》的性质，历来争议较多，其主要分歧在于，到底以“史”的标准，还是以“子”的标准来衡量二书。

以“史”的标准来衡量的代表是唐代的刘知幾。他在《史通·杂说》中说：“观刘向对成帝，称武、宣行事，世传失实，事具《风俗通》，其言可谓明鉴者矣。及自造《洪范》《五行》及《新序》《说苑》《列女》《神仙》诸传，而皆广陈虚事，多构伪辞。非其识不周而才不足，盖以世人多可欺故也。呜呼！后生可畏，何代无人，而辄轻忽若斯者哉！夫传闻失真，书事失实，盖事有不获已，人所不能免也。至于故为异说，以惑后来，则过之尤甚者矣！”①刘知幾的评价立场和态度影响很大，宋代叶大庆、黄朝英专门撰文摘出其中的史实错误，至清代全祖望、王鸣盛、四库馆臣等仍受其影

① （唐）刘知幾：《史通》，上海古籍出版社2008年版，第378页。

响，全祖望在《经史问答》中批评刘向“大抵道听途说，移东就西。其于时代、人地，俱所不考”①，《四库总目提要》认为宋代叶大庆《考古质疑》指出的《新序》史实错误“皆切中其失”，又于《说苑》中摘“赵襄子赏晋阳之功孔子称之”“诸御已谏楚庄王筑台引伍子胥”“晏子使吴见夫差”等条，指出其“皆时代先后，邈不相及”②。我们看到，他们主要是从“征实”的角度出发，对二书进行考辨和指摘。

事实上，刘向《新序》《说苑》二书更多表现出的是子部叙事色彩，它继承了先秦子书重“说”的叙事传统，只是在儒家思想成为主流意识形态的西汉后期，形成了以“说”的方式发挥儒家“主文谲谏”的政治功能来劝谏、启悟帝王的特殊形态。

从刘向编著二书的意图来看，他有感于西汉后期政治混乱，意图向皇帝进谏才编著《新序》《说苑》。刘向生活的时代，是西汉政治逐渐走向混乱和失序的时代。从先秦时的诸子储“说”的叙事，到秦汉统一帝国建立后失去游说条件而进“谏”帝王的叙事，其叙事思维模式是一脉相承的。刘向编著二书的意图十分明确，《汉书·刘向传》中说：“向睹俗弥奢淫，而赵、卫之属起微贱，逾礼制。向以为王教由内及外，自近者始……序次为《列女传》，凡八篇，以戒天子。及采传记行事，著《新序》《说苑》凡五十篇奏之。数上疏言得失，陈法戒。书数十上，以助观览，补遗阙。”③刘向亲历了宣、元时期西汉的中兴，又目睹了成帝时外戚干政、朝政渐乱的现实，但外戚王氏对汉室重臣的迫害打压给了他巨大压力，在无法得到成帝支持和自身保障的情况之下，刘向只能通过间接方式向成帝作出提醒和谏诤。刘向编著二书的原则是符合其心目中的儒家政治伦理、君臣大义的义理，徐复观细致分析了刘向《说苑》叙录，指出刘向所录并非出自臆造，“观其‘删去其浅薄不中义理者’之言，可知其取舍之标准，在义理不在真伪，此

① （清）全祖望撰，朱铸禹汇校集注：《全祖望集汇校集注》（下），上海古籍出版社2018年版，第1966页。

② （清）永瑢等：《四库全书总目》，中华书局1965年版，第772页。

③ 《汉书》卷三十六，中华书局1962年版，第1957~1958页。

与作史不同”①。

《新序》《说苑》以“理”而非“实”为叙事取舍的标准，使得二书在后世遭到以史书叙事为标准的学人的误读与批评。“《新序》一书中所收先秦至汉初的故事，都来源于《左传》、《公羊传》、《穀梁传》、《晏子》、《庄子》、《荀子》、《韩非子》、《吕氏春秋》、《韩诗外传》、《国语》、《战国策》、《史记》等百家传记。所以《崇文总目》说：‘所载皆战国秦汉间事，以今考之，春秋时尤多，汉事不过数条。大抵采百家传记，以类相从，故颇与《春秋》内外传、《战国策》、太史公书相出入。’但有两点值得注意。一是《新序》文字与所据诸书的出入，决非出于版本的差异，而且同一则故事中，常有一部分采用这本书，一部分采用另一本书的现象，可见确经刘向‘弃取删订’”，“至于前人指摘《新序》中故事有重复，人物时间有矛盾等谬误……主要用《公羊传》‘所见异词，所闻异词，所传闻异词’，及清严可均《铁桥漫稿·书说苑后》：‘向所类书，与《左传》及诸子间或时代抵牾，或一事而两说三说兼存，《韩非子》亦如此，良由所见异词，所闻异词，所传闻异词，不必同李斯之法，别黑白而定一尊。浅学之徒，少见多怪，谓某事与某书违异，某人与某人不相值，生二千载后而欲画一二千载以前之人之事，甚非多闻阙疑之意……’前面已经提及，刘向搜集古人现成的成败得失故事，纂集《新序》，目的在于作为谏诤的辅助，并不是编纂史籍。因此宋代以来不少人对《新序》的抨击指摘，实际是没有搞清楚著书意图。”②刘向三书中，《新序》《说苑》历来被视为西汉儒家著作中的经典，人们多认为它代表了西汉后期儒家思想发展的特征，不过对其记载史事的失实多有议论指责，这其实是因对于二书性质的不明造成的误解。《新序》《说苑》二书并非是史书，从《汉书·艺文志》到《隋书·经籍志》以降的史书艺文志中，它们被归入子部儒家类，这提醒我们，在看

① 徐复观：《两汉思想史》，华东师范大学出版社 2001 年版，第 42 页。

② 石光瑛校释，陈新整理：《新序校释》之《整理说明》，中华书局 2009 年版，第 3、5 页。

待其叙事内容时，不应以史部叙事重“实”的标准去要求二书。

《新序》《说苑》继承了先秦、秦汉子书以“理”为叙事内容去取标准，并且在编纂形式特点上更加突出“理”的特征。以《说苑》为例，通过比较《吕氏春秋》与《说苑》的编纂形式，我们可以发现，《说苑》“以类相从”的编辑体例受到《吕氏春秋》的影响，不过，它更突出书中所要表达的义理，一是在形式上不再采取《吕氏春秋》的“部—卷—篇”的分类方式，而直接以篇名命名，这在某种程度上是在向“子”部靠拢而摆脱“史”的色彩。二是主题更加凝练、集中，相较于《吕氏春秋》庞杂的主题，《说苑》的主题更加明确，紧紧围绕劝谏帝王、阐明何为“明君贤臣”的核心展开，如《君道》《臣术》等篇名，都能直接概括、点明主旨。当然，这与二者的成书过程、指导思想不同有关。相较于成于众人之手、受杂家思想影响的《吕氏春秋》，《说苑》为刘向所编撰，并且处于儒家思想统一既久、浸润已深的时代，故而能够贯彻清晰的编撰主旨和安排。三是在篇首即阐述义理。《吕氏春秋》中仅少数篇章在开篇阐述义理，而在《说苑》中除《君道》等四篇以外，其余各篇大都是按照这一形式组织。① 可以看到，子书叙事有着明确的功能，那就是为说理服务，这成为其选择叙事内容的首要标准。

总之，通过对子、史叙事特征的对比，我们可以看出，在内容选择标准上，二者有着显著的区别，史书叙事重“实”，“实录”为史书叙事的首要标准；子书叙事重“理”，符合作者议论、阐释的主题，是子书叙事内容的选择标准。

二、“神道设教”：子书的神异叙事

以“理”为标准的子书叙事题材中，涵盖了从“神道设教”观念出发的想象世界，到不弃闾里小智的广阔知识空间。我们感兴趣的问题是：神仙鬼怪之事，在自魏晋南北朝志怪小说奠定了对此大量书写的基础之后，成为

① 孙秀东：《刘向〈说苑〉的编纂特点和艺术特色》，浙江大学 2006 年硕士学位论文。

中国文言小说尤其是笔记小说创作题材的大宗，如果在史、子、集书写传统中溯源，它与哪个部类在题材选择上更接近？

史传叙事所关心的是现实社会，是人世变迁。早在商周时期，富于理性精神的周代礼乐文化就将对鬼神的崇拜转向对人事因革规律的探索，形成了富于历史理性精神的“史官文化”，自春秋战国以至于西汉，史籍中言鬼神事的成分日趋减弱，而相应地更注重军政外交等人事活动的记录，史家叙事日益走向理性化。先秦历史叙事代表作品中，《国语》《战国策》明显对于“人事”更感兴趣，《左传》中有不少言鬼神事的内容，但这一部分历来遭受争议，甚至在史学规范建立的后世遭受“其失也诬”的批评。晋范宁云《〈穀梁传〉集解序》云：“左氏艳而富，其失也巫。”“巫”字通“诬”，杨士勋疏云：“谓多叙鬼神之事，预言祸福之期”①，唐代柳宗元在其《非〈国语〉》中也说“左氏惑于巫而尤神怪之”②，可见，从史学角度来看，大家对这一点多持否定态度。《史记》的目的是“究天人之际，通古今之变，成一家之言”，在司马迁看来，幽渺的“天人之际”已可以被纳入可以通过对史实演变的归纳、推绎而探究的范围之中，充分显示出对史传叙事历史理性的雄心和自信，因而他在《高祖本纪》《项羽本纪》等书中具有颇重分量的篇章里特别突出了一种相较于“天命”更注重人事对历史结果影响的态度，这也是自《史记》奠基以来中国历史书写的基本态度，基于这种态度，史传叙事中占主导地位的，是人事而非鬼神。

但是，这是否就意味着鬼神之事不再为古代叙事所关心了呢？当然不是。鬼神之事并没有从古代叙事中退场，虽然不再是叙事关注的焦点，我们还是可以在史传叙事中看到其影子，例如帝王降生时的神异之事、与政治情况相关的灾异祥瑞现象等，但对于史传而言，如果大量采用神异不经的事情，就会遭到非议。《史通·采撰》篇赞赏史传所采“并当代雅言，事

---

① （东晋）范宁注，（唐）杨士勋疏：《春秋穀梁传注疏》，上海古籍出版社 1990 年版，第 5 页。

② （唐）柳宗元著，曹明纲标点：《柳宗元全集》，上海古籍出版社 1997 年版，第 395 页。

无邪僻，故能取信一时，擅名千载”，转而批评后世史书中记载荒诞不经的神异之事的现象，“但中世作者，其流日烦，虽国有册书，杀青不暇，而百家诸子，私存撰录，寸有所长，实广闻见。其失之者，则有苟出异端，虚益新事，至如禹生启石，伊产空桑，海客乘槎以登汉，姮娥窃药以奔月。如斯踳驳，不可殚论，固难以污南、董之片简，沾班、华之寸札。而嵇康《高士传》，好聚七国寓言；玄晏《帝王纪》，多采《六经》图谶。引书之误，其萌于此矣”①。史书重事实，连无从考证的材料入史尚且遭到非议，更毋论虚渺不经的异端传说。然而，它同时也指出了一个事实，那就是，这些“异端新事”实大量存在于“百家诸子”之中，“禹生启石，伊产空桑”这类内容，恰恰是子书叙事津津乐道的。

集部叙事中固然也有关于仙与鬼的叙事内容，以先秦时期《楚辞》为代表的辞赋较多涉及这一方面，然而，与其说叙事重点在鬼神内容本身，不如说它借助鬼神虚渺的特性来承担更好地描写物态、抒发情感的任务。其中有两点值得我们注意：第一，集部叙事涉及的神异之事主要集中在“神”“仙”上，而“鬼”与“怪”涉及较少。第二，集部神异叙事的指向是描摹栩栩如生的物象，创造逼真可感的氛围，其中一个重要的核心内容是恋情的表现。《楚辞》中《离骚》《九歌》《九章》中涉及的神异叙事较多，我们发现，《离骚》中漫游的是神仙之境，《九歌》中多是祭祀神仙，《国殇》涉及鬼，然而其重点在描写和赞颂那些为国捐躯的战士生前奋力杀敌的英勇，《九章》中《山鬼》确实写到了鬼，然而，如多数学者所认为的那样，它更像是塑造了一位遗世独立的少女，主要借这一形象抒发一种深沉的孤独凄凉之情。宋玉的《高唐赋》《神女赋》更开启了后世人神相恋题材的先河。为什么集部的神异叙事多写神仙而少写鬼怪？这主要由于集部重视抒情，尤其是私人化的感情，例如恋情的抒发，神仙之事的虚幻缥缈，尤其适宜于创造抒情氛围，与秦汉时期人们对于神仙的美好想象形成对比，当时对鬼怪的

① （唐）刘知幾：《史通》，上海古籍出版社 2008 年版，第 84~85 页。

认知还很有限，而且大多与恐怖相关①，它们无助于描写与抒情，更与抒情的审美情调格格不入，所以集部传统多写神仙而较少写鬼怪。顺便一提，到后世《聊斋志异》那里，“以传奇法志怪”，将子部传统题材与集部的处理方式结合，从而创造出独特的艺术魅力。

子书叙事中的神仙鬼怪书写，更注重题材本身的知识与思想性价值。随着史传叙事中历史理性的凸显，神仙鬼怪之谈让位于“人事”变化之道，却在子书中找到了存在的合法性，作为传统知识体系中的重要部分，作为“神道设教”的重要手段，神仙怪异之说，与子书传达知识、阐发道理的宗旨相吻合，因而找到生存发展的空间。这也是子书可以容纳如此丰富的“迂怪虚诞”题材的原因所在。

其一，一般认为，排斥怪异之说是儒家思想的原则，而子书具有很强的包容性，《汉书·艺文志》载“诸子”十家，远不局限于儒家，大量神仙鬼怪之事可以在此找到生长的土壤。例如，诸子十家中的小说家，就对鬼神之事十分感兴趣，甚至，这成为汉魏时代小说的重要题材，小说家往往借助宗教思想来为鬼神之说张目，并且，在他们看来，史学家不录鬼神之事，是由于褊狭的观念所致，而小说家则致力于广纪异闻，如托名东汉郭宪的《汉武帝洞冥记》序中说：“或言浮诞，非政声所同，经文、史官记事，故略而不取，盖偏国殊方，并不在录。愚谓古曩余事，不可得而弃。况汉武帝明俊特异之主，东方朔因滑稽浮诞以匡谏，洞心于道教，使冥迹之奥昭然显著。今藉旧史之所不载者，聊以闻见，撰《洞冥记》四卷，成一家之书，庶明博君子该而异焉。武帝以欲穷神仙之事，故绝域遐方贡其珍异奇物及道术之人，故于汉世，盛于群主也。故编次之云尔。”②其实，这正是与先秦诸子中小说家一脉传承的广收异闻的传统。

其二，西汉时代文化、学术环境与子学发展的特点，又进一步地促进

① 参见顾颉刚：《秦汉的方士与儒生》第三章《神仙说与方士》，上海古籍出版社1978年版，第9~13页。

② 黄霖、韩同文选注：《中国历代小说论著选》（修订本上），江西人民出版社2000年版，第23~24页。

了神异叙事在子书中的生长，并且，西汉时期儒家融合了阴阳思想，对神异之事的兴趣更为浓厚。

首先，西汉初年道家思想成为思想主流，而道家思想对列仙、神异之事有着浓厚兴趣。西汉初年，即自汉高祖刘邦称帝到经历惠帝、吕后、文帝、景帝诸任统治者直到汉武帝继任前的约70年间，以“黄老”思想为代表的道家思想，是这段时期的社会主流思想。陆贾、贾谊等汉初政治思想家为西汉初的治国方略规划了蓝图，他们都不约而同地从反思秦朝政治失败的教训中看到了道家“无为”主张的价值。陆贾在《新语》中专辟《无为》一篇，陈述君主应以“无为”治国的道理：“道莫大于无为，行莫大于谨敬。何以言之？昔舜治天下也，弹五弦之琴，歌《南风》之诗，寂若无治国之意，漠若无忧天下之心，然而天下大治。周公制作礼乐，郊天地，望山川，师旅不设，刑格法悬，而四海之内，奉供来臻，越裳之君，重译来朝。故无为者乃有为也。”①这是基于对秦二世而亡的“有为”之政的反思，“秦始皇帝设刑罚，为车裂之诛，以敛奸邪，筑长城于戎境，以备胡、越，征大吞小，威震天下，将帅横行，以服外国，蒙恬讨乱于外，李斯治法于内，事逾烦天下逾乱，法逾滋而天下逾炽，兵马益设而敌人逾多，秦非不欲为治，然失之者，乃举措太众、刑罚太极故也”②。在他看来，秦朝政治失败，正是由于“举措太众”。无独有偶，贾谊在《新书》中谈到“过秦”问题，也批评了秦二世“重以无道，（坏宗庙与民），更始作阿房之宫，繁刑严诛，吏治刻深，赏罚不当，赋敛无度”③。在西汉初的政治思想家们看来，秦二世而亡的政治悲剧，就是由于秦的统治者滥施苛政所导致，因此，“无为”成为汉初君臣一致推崇的主流思想。而汉初推崇的“黄老”道，正是以老子思想为基础，假托黄帝之言，参以法家等诸子学说，具有较强的包容性。道家本身对列仙、神异之事就有浓厚兴趣。先秦以来在早期原始文化中形成了神仙观念，道家思想与神仙思想本就联系紧密，道家经典

① 李振宏注说：《新语》，河南大学出版社2016年版，第171页。

② 李振宏注说：《新语》，河南大学出版社2016年版，第172页。

③ （汉）贾谊：《贾谊集贾太傅新书》，岳麓书社2010年版，第6页。

如《道德经》《庄子》《列子》中不仅吸收了大量神仙传说的内容，如《庄子·逍遥游》中描述的“藐姑射”之神：“藐姑射之山，有神人居焉，肌肤若冰雪，绰约若处子；不食五谷，吸风饮露；乘云气，御飞龙，而游乎四海之外。其神凝，使物不疵疠而年谷熟。”①而且，道家将先秦以来的神仙观念从单纯追求长生上升到以“仙人”“真人”为象征的更高的哲学、精神层面，从而为后世道教思想的发展打下了基础。

此外，自战国后期就存在的道家养生思想向神仙长生方向发展的趋势在西汉继续盛行。老庄思想最初关注的是治国者的无为和个体心灵的自由，但经过战国、秦汉间方士的改造，将其中主张清静无为的养生思想逐渐发展为追求神仙长生的学说，这是先秦道家发展的一个重大转折，以致西汉道家在探讨黄老经世之学的同时，往往伴随着对神仙方术之说的兴趣②，《汉书·楚元王传》云：“上复兴神仙方术之事，而淮南有《枕中鸿宝苑秘书》，书言神仙使鬼物为金之术，及邹衍重道延命方，世人莫见，而更生父德武帝时治淮南狱得其书。”③《淮南子》不但继承了《庄子》《列子》中关于神人、真人、至人的叙事，神仙家思想也为其提供了广阔的想象空间，“神仙不食人间烟火，凭气畅游，或饮风餐露，或食鼎仙丹，因而丹药、为长生的炼丹术也发展起来”④，这种思想催生了许多神异叙事。《精神训》中继承了庄、列中许多关于与仙人有关的寓言，《泰族训》《齐俗训》中关于王乔、赤松“去尘埃之间，离群慝之纷，及阴阳之和”，“喋虚轻举，乘云游雾”⑤的描写，富于神仙色彩。

其次，西汉中后期儒家思想的发展状况使得儒家对神异叙事也有所吸收。曾祥旭认为，“西汉儒家政治思想发展自武帝以来明显地判为前后两期，前期以叔孙通、贾谊等为代表，提倡儒学但尚不至于神学浮夸；后期

① 陈鼓应：《庄子今注今译》，中华书局1983年版，第21页。
② 参见李刚：《汉代道教哲学》，巴蜀书社1995年版，第50页。
③ 《汉书》卷三十六，中华书局1962年版，第1928~1929页。
④ 曾祥旭：《士与西汉思想》，黑龙江人民出版社2005年版，第28页。
⑤ 陈广忠校点：《淮南子》，上海古籍出版社2016年版，第511页。

自董仲舒始，传统儒家思想借助天人感应观念迅速得到强化，灾异论、符瑞论、阳德阴刑论等每每写进儒家典籍。这既神化了封建统治，又神化了思想，使儒学向经学转化，进而向谶纬神学转化，总体而言是神学化的儒学，这成为西汉儒家思想的要害所在”①。西汉后期儒家思想发展的突出特点是推崇阴阳五行、重视灾异谴告，这与西汉后期统治者的政治诱导有关，也与经学发展迎合政治需要而对此大加鼓吹宣扬有关。汉初政治思想家如陆贾、贾谊等就已开始注意阐述天人关系，他们赞同天人感应的思想，认同君权神授，不过，将这一思想系统阐述、发扬光大的是董仲舒。董仲舒不仅建立了一套系统的理论，而且从《春秋》中找到君权神授的依据。他认为《春秋》的要义在“一元”，“谓一为元者，视大始而欲正本也。《春秋》深探其本，而反自贵者始。故为人君者，正心以正朝廷，正朝廷以正百官，正百官以正万民，正万民以正四方。四方正，远近莫敢不壹于正，而亡有邪气奸其间者。是以阴阳调而风雨时，群生和而万民殖，五谷孰而草木茂，天地之间被润泽而大丰美，四海之内闻盛德而皆徕臣，诸福之物，可致之祥，莫不毕至，而王道终矣”②。董仲舒的“天人感应”思想，实际上是希望以儒家的伦理准则来约束君权。按照他的说法，君主需“正心”方能实现“正朝廷”，如此百官万民、四方远近都得以“正”不生邪，如此则“王道”可成，天地万物自然秩序和谐。当君主实行“王道”、施政有方，则上天降下祥瑞，相反则会出现灾异，需要君主自省纠察。本来，这是包含了善恶两面的，但在实际政治实践中，“天人感应”却遭到片面运用，君主往往对祥瑞大肆宣传，作为德政的标志，而对灾异则采取回避的态度，这种功利化地对待天人感应的现象到西汉中后期更明显地体现出来，阴阳、灾异、祥瑞，都成为出于特定政治目的而被频繁使用的政治手段，朝野内外讲祥瑞、灾异的风气十分兴盛。③

张峰屹在《西汉文学思想史》中指出，此时儒学发展的一个“明显趋向

① 曾祥旭：《士与西汉思想》，黑龙江人民出版社 2005 年版，第 37 页。
② 《汉书》卷五十六，中华书局 1962 年版，第 2502~2503 页。
③ 汤志钧等：《西汉经学与政治》，上海古籍出版社 1994 年版，第 202~203 页。

是，受董仲舒的影响，经学与政治进一步亲合。其主要表现有二：一是灾异论政十分普遍，几乎到了议政必言灾异的程度；二是把经术作为论政和施政的根据，而非仅仅作为‘缘饰’”①。昭、宣、元、成诸帝在位时期，灾异、祥瑞是政治生活中的重要内容，昭帝时，“泰山莱芜山南匈匈有数千人声，民视之，有大石自立，高丈五尺，大四十八围，入地深八尺，三石为足。石立后有白乌数千下集其旁。是时昌邑有枯社木卧复生，又上林苑中大柳树断枯卧地，亦自立生，有虫食树叶成文字，曰‘公孙病已立’”②。儒生眭孟根据董仲舒的理论认为这是天命降下贤人以承帝位，上书言事，被秉政的霍光以“妖言惑众”为由诛杀，宣帝自民间即位后为眭孟平反。昌邑王在位时，儒生夏侯胜亦以精通《洪范五行传》和善“说灾异”而闻名，并在霍光等谋废昌邑王时显示其能：“胜当乘舆前谏曰：‘天久阴而不雨，臣下有谋上者，陛下出欲何之？’王怒，谓胜为祆言……是时，光与车骑将军张安世谋欲废昌邑王。光让安世以为泄语，安世实不言。乃召问胜，胜对言：‘在洪范传曰“皇之不极，厥罚常阴，时则下人有伐上者”，恶察察言，故云臣下有谋。’光、安世大惊，以此益重经术士。”③宣帝即位后，追崇武帝功业，也是以祥瑞迭出为凭据之一，认为武帝时“上天报况，符瑞并应，宝鼎出，白麟获，海效钜鱼，神人并见，山称万岁。功德茂盛，不能尽宣”④，整个西汉后期，重视阴阳灾异是政治、思想界的显著特征。

在这种思想背景下，神异之事既是学识渊博的儒家学者知识结构中应有的组成部分，同时，又是儒生阐发学术、政治思想，表达社会意见的重要工具。刘向表明了对此的态度：

颜渊问于仲尼曰：“成人之行何若？”子曰：“成人之行，达乎情性

① 张峰屹：《西汉文学思想史》，南开大学出版社2001年版，第212~213页。
② 《汉书》卷七十五，中华书局1962年版，第3153页。
③ 《汉书》卷七十五，中华书局1962年版，第3155页。
④ 《汉书》卷七十五，中华书局1962年版，第3156页。

之理，通乎物类之变，知幽明之故，睹游气之源。若此而可谓成人。既知天道，行躬以仁义，饬身以礼乐。夫仁义礼乐，成人之行也。穷神知化，德之盛也。"①

在他看来，"通乎物类之变，知幽明之故"属于"成人"的一部分，也就是说，对于一个合格的儒家知识分子，不但要知道人间万事的道理，诸如仁、义、礼、乐，与之相感应的天地自然间异事、异物的变化之道也是知识储备库的组成部分。

《说苑》中显示出对于怪异知识的兴趣，如其中记载了关于孔子的几则故事："吴伐越得骨专车""仲尼在陈、有隼集于陈侯之廷而死""季桓子穿井得土缶""楚昭王渡江得萍实"等，我们且看其中一例：

楚昭王渡江，有物大如斗，直触王舟，止于舟中。昭王大怪之，使聘问孔子。孔子曰："此名萍实，令剖而食之。惟霸者能获之，此吉祥也。"其后齐有飞鸟，一足来下，止于殿前，舒翅而跳，齐侯大怪之，又使聘问孔子。孔子曰："此名商羊，急告民趣治沟渠，天将大雨。"于是如之，天果大雨，诸国皆水，齐独以安。孔子归，弟子请问，孔子曰："异时小儿谣曰：'楚王渡江得萍实，大如拳，赤如日，剖而食之，美如蜜。'此楚之应也。儿又有两两相牵，屈一足而跳，曰：'天将大雨，商羊起舞。'今齐获之，亦其应也。夫谣之后，未尝不有应随者也。"故圣人非独守道而已也，睹物记也，即得其应矣。②

这段叙事生动道出了汉代儒家对于这类怪异知识的态度，即"圣人非独守道而已也，睹物记也，即得其应矣"。在儒家的思想观念中，博物洽闻、探赜穷理，本就是儒者应具有的素养。

① 方勇主编，程翔评注：《说苑》，商务印书馆 2018 年版，第 826 页。
② 方勇主编，程翔评注：《说苑》，商务印书馆 2018 年版，第 860 页。

除此之外，神异之事可以作为儒士表达思想甚至批判现实的一个有力工具。这种传统由来已久，作为沟通天人之际的媒介，汉代儒士对此更为重视，因而陆贾在《新语·明诫》中将治道与天象的变化联系在一起，认为治道有失，则天象有变，政治恶化，则会发生虫灾。《淮南子》中《天文训》《泰族训》同样将圣人之德与天相配，认为人间的政治动向与自然界幽明变化的神异事件是相互感应的，因此，神异叙事作为论道说理的一部分而得到子书的认同。

神异叙事在《韩诗外传》中已存在，它们反映了西汉初以韩婴为代表的儒家对待神异事物的态度，那就是，相较于神怪妖祥，君主更应重视的是德行。《韩诗外传》卷三记载了“有殷之时，谷生汤之廷，三日而大拱”：

有殷之时，谷生汤之廷，三日而大拱。汤问伊尹曰：“何物也？”对曰：“谷树也。”汤问：“何为而生于此？”伊尹曰：“谷之出泽野物也，今生天子之庭，殆不吉也。”汤曰：“奈何？”伊尹曰：“臣闻妖者祸之先，祥者福之先。见妖而为善，则祸不至，见祥而为不善，则福不臻。”汤乃斋戒静处，夙兴夜寐，吊死问疾，赦过赈穷，七日而谷亡，妖孽不见，国家其昌。《诗》曰：“畏天之威，于时保之。”①

谷生于廷本是不祥之兆，但伊尹认为，所谓的福祸、妖祥其实并非完全由上天决定，人的德行才是决定祸福走向的重要因素，这也符合儒家传统政治伦理所强调的修德和仁政。为说明这个道理，本章还记载了另一个故事：

昔者周文王之时，莅国八年，夏六月，文王寝疾。五日而地动，东西南北不出国郊。有司皆曰：“臣闻地之动，为人主也。今者君王寝疾，五日而地动，四面不出国郊。群臣皆恐，请移之。”文王曰：

① 许维遹校释：《韩诗外传集释》，中华书局1980年版，第80~81页。

“奈何其移之也?”对曰：“兴事动众以增国城，其可移之乎。”文王曰：“不可。夫天之见妖，是罚有罪也，我必有罪，故天以此罚我也。今又专兴事动众以增国城，是重吾罪也。不可以移之。昌也请改行重善以移之，其可以免乎。”于是遂谨其礼秩、皮革，以交诸侯；饰其辞令币帛，以礼俊士；颁其爵列、等级、田畴，以赏群臣。行此无几何而疾止。文王即位八年而地动。地动之后四十三年，凡莅国五十一年而终。此文王之所以践妖也。《诗》曰：“畏天之威，于时保之。”①

这则故事同样表达了儒家对待神怪的态度，一方面对所谓天意表示重视和敬畏的态度，但另一方面又保持相对理性，并不沉溺于对神秘力量的畏惧或崇拜，而是将上天的征兆或警示视为敦促自己进德修政的契机。同卷“武王伐纣，到于邢丘，轭折为三，天雨三日不休”②的故事，讲述了武王伐纣时遇到天象有异，本来是不祥之兆，但都被解读为是上天提示应采取相应的战略，从而稳定了军心，取得了胜利，也说明了这一点。

至西汉后期刘向编撰《新序》《说苑》时，大量地收入神异叙事。《说苑》卷十八《辨物》集中收录了这类叙事内容，从中我们可以看到，儒家思想此时已吸收了阴阳五行思想，对神异在态度上结合了传统儒家与阴阳家的思想。

《辨物》在开篇即说：“《易》曰：‘仰以观于天文，俯以察于地理’，是故知幽明之故。夫天文地理、人情之效存于心，则圣智之府。是故古者圣王既临天下，必变四时，定律历，考天文，揆时变，登灵台以望气氛……故《易》曰：‘一阴一阳之谓道。’道也者，物之动莫不由道也。是故发于一，成于二，备于三，周于四，行于五。是故玄象著明，莫大于日月；察变之动，莫著于五星。天之五星运气于五行，其初犹发于阴阳，而化极万一千

① 许维通校释：《韩诗外传集释》，中华书局1980年版，第81~83页。
② 许维通校释：《韩诗外传集释》，中华书局1980年版，第94页。

五百二十……”①我们看到，这段话透露出的思想既包含儒家易学所强调的天人关系，同时又加入了“望气”这类阴阳五行的思想内容。在叙事上，同样表现出融合二者的特点。

对于儒家传统重视德行而非神秘力量这一点仍有继承，最为典型的是赵简子问翟封荼：

> 赵简子问翟封荼曰：“吾闻翟雨谷三日，信乎？”曰：“信。”“又闻雨血三日，信乎？”曰：“信。”“又闻马生牛，牛生马，信乎？”曰：“信。”简子曰：“大哉！妖亦足以亡国矣！”对曰：“雨谷三日，虻风之所飘也；雨血三日，鸷鸟击于上也；马生牛，牛生马，杂牧也，此非翟之妖也。”简子曰：“然则翟之妖奚也？”对曰：“其国数散，其君幼弱，其诸卿货，其大夫比党以求禄爵，其百官肆断而无告，其政令不竟而数化，其士巧贪而有怨。此其妖也。”②

在儒家政治观念中，真正危害国家的“妖”并非怪力乱神，而是政治失序、教化不行。不过，我们在《辨物》中同时也可以看到阴阳家所强调的阴阳相匹、五行相克的思想，比如对待水旱灾害，就认为是阴阳失调，“夫水旱俱天下阴阳所为也。大旱则雩祭而请雨，大水则鸣鼓而劫社。何也？曰：阳者，阴之长也……其在民则夫为阳而妇为阴，其在家则父为阳而子为阴，其在国则君为阳而臣为阴。故阳贵而阴贱，阳尊而阴卑，天之道也。今泰旱者，阳气太盛以厌于阴，阴厌阳固，阳其填也，惟填厌之太甚，使阴不能起也，亦雩祭拜请而已，无敢加也。至于大水及日蚀者，皆阴气太盛而上减阳精，以贱乘贵，以卑陵尊，大逆不义，故鸣鼓而慑之，朱丝萦而劫之”③。这显然已融入了阴阳家思想。

---

① 方勇主编，程翔评注：《说苑》，商务印书馆 2018 年版，第 827 页。

② 方勇主编，程翔评注：《说苑》，商务印书馆 2018 年版，第 868 页。

③ 方勇主编，程翔评注：《说苑》，商务印书馆 2018 年版，第 840 页。

《新序》中同样也不乏神异叙事，如《杂事》之二中“晋文公出猎”，《杂事》之四“宋景公时荧惑在心”，《杂事》之五“宋康王时有爵生鹯于城之陬”以及卷七《节士》中“晋献公太子之至灵台，蛇绕左轮”，《说苑》中“楚昭王之时，有云如飞鸟，夹日而飞三日”和“于定国东海孝妇”等，都涉及神异故事。

试举一例：

晋文公出猎，前驱曰：“前有大蛇，高如隄，阻道，竟之。”文公曰：“寡人闻之，诸侯梦恶则修德，大夫梦恶则修官，士梦恶则修身，如是而祸不至矣。今寡人有过，天以戒寡人。”还车而反。前驱曰：“臣闻之：喜者无赏，怒者无刑。今祸福已在前矣，不可变，何不遂驱之。”文公曰：“不然。夫神不胜道，而妖亦不胜德。祸福未发，犹可化也。”还车反，宿斋三日，请于庙曰：“孤少，牺不肥，币不厚，罪一也；孤好弋猎，无度数，罪二也；孤多赋敛，重刑罚，罪三也。请自今以来者，关市无征，泽梁无赋敛，赦罪人，旧田半税，新田不税。”行此令，未半旬，守蛇吏梦天帝杀蛇，曰：“何故当圣君道为，而罪当死。”发梦视蛇，臭腐矣。谒之，文公曰：“然。夫神果不胜道，而妖亦不胜德，奈何其无究理而任天也，应之以德而已。”①

据马振方的考辨，在《新序》之前，记述这一故事的还有贾谊《新书》中的《春秋》。其记文公之语曰：“吾闻之曰，天子梦恶则修道，诸侯梦恶则修政，大夫梦恶则修官，庶人梦恶则修身。”②这四句是从《周书》中得来，《群书治要》引桓谭《新论》，其中引用《周书》中的四句话：“天子见怪则修德，诸侯见怪则修政，大夫见怪则修职，士庶见怪则修身。”③

① 石光瑛校释，陈新整理：《新序校释》上，中华书局2001年版，第215～219页。

② （汉）贾谊：《贾谊集贾太傅新书》，岳麓书社2010年版，第77页。

③ （唐）魏徵等：《群书治要》，天津人民出版社2015年版，第421页。

他认为这是熟悉《周书》的儒家士人为了宣传诸侯、人主“修德”的观念而虚构具有“神异”色彩的寓言小说。相较于《新书·春秋》中文公罪己的几个理由如“不能遵道”“执政不贤”“饰政不谨”等，《新序》中文公的罪己理由更具体明确，它们体现了刘向的政治主张。① 从《新序》《说苑》中的神异叙事，我们可以看到，在灾异思想、阴阳五行盛行的时代，书中内容不免受到这种时代思潮的影响，不过大体而言，刘向还是认同儒家“妖不胜德”“以德应之”的观点，并且将神异叙事作为表达政治思想和观点的一种方式。

总而言之，随着史传叙事中历史理性的突显，神怪异事逐渐被排斥出历史叙事的传统，但它们却进入子书中，作为传统知识体系的一部分，成为神道设教的重要手段。广泛收罗怪异知识也成为子书叙事的传统，为日后子部叙事中“志怪”类小说的发展奠定了基础。

第二节　逸：子书叙事题材的选择范围、对象

“逸”有两层意思。既是“逸出”的“逸”，又是“逸乐”的“逸”，其实它们是相通的，即子书的题材内容在很大程度上与史书是重合的，然而，其中又往往渗入了大量不见于史书的传闻、轶事，在人们看来是“不合于经传”“舛讹荒诞”的，然而也是富于趣味性的。正是由于子书选择的主要标准不是“求实”，故而能够将“逸出”史书选择范围之外的更广泛的传说故事包括进来。这些传说故事中虽然有相当部分不合圣人之道，然而却别有一种智慧和趣味，有一部分体现了民间叙事的趣味。这种取材就不像史书那样板着面孔，是比较生动有趣的。同时，子书叙事是辅助说理的，因而，它在客观上肩负着使空洞和枯燥的论说更生动、形象的任务，为了吸引听众或读者的兴趣，需要选取较为新奇生动的故事，才会有理想的接受效果。

① 马振方：《〈新序〉〈说苑〉之小说考辨》，《文艺研究》2008 年第 4 期。

一、逸出：拾遗与史补

子书中有许多“逸出”历史叙事范围的叙事内容。神话、寓言、民间故事等，子书都尽充分搜罗之功，这在历史叙事的观点看来，自然要遭受批评，刘知幾愤然指责刘向《新序》：“至如伯奇化鸟，对吉甫以哀鸣；宿瘤隐形，干齐王而作后。此则不附于物理者矣。复有怀嬴失节，目为贞女；刘安覆族，定以登仙。立言如是，岂顾丘明之有传，孟坚之有史哉!”①其言下之意是，这些子书中叙述的不过是荒诞无据的传闻，完全不顾史书记载的事实，由此，我们也可以看出，子书叙事正是对史所不载的广阔故事天地有浓厚的兴趣，或者说，至少，子书有意愿吸收逸出史书的故事。

以楚国“白公之乱”叙事为例，我们可以看到史、子两者叙事内容选择上的差异。② 如下表所示：

《左传》	“哀公十六年”：楚大子建之遇谗也，自城父奔宋……其子曰胜，在吴，子西欲召之。……吴人伐慎，白公败之。请以战备献，许之，遂作乱。秋七月，杀子西、子期于朝，而劫惠王。子西以袂掩面而死。……白公欲以子闾为王，子闾不可，遂劫以兵。子闾曰：“王孙若安靖楚国，匡正王室，而后庇焉，启之愿也，敢不听从？若将专利以倾王室，不顾楚国，有死不能。”遂杀之，而以王如高府。石乞尹门。圉公阳穴宫，负王以如昭夫人之宫。……使与国人以攻白公。白公奔山而缢。其徒微之。生拘石乞而问白公之死焉……乃烹石乞。

① （唐）刘知幾：《史通》，上海古籍出版社2008年版，第378~379页。

② 参见杨伯峻：《春秋左传注》，中华书局1990年版，第1700~1704页；《史记》卷四十，中华书局2013年版，第2059页；陈广忠校注：《淮南子》，上海古籍出版社2016年版，第279页、第280页；许维遹校释：《韩诗外传集释》，中华书局1980年版，第22~23页、第363~364页；程翔评注：《说苑》，商务印书馆2018年版，第154页、155页、第591页；石光瑛校释、陈新整理：《新序校释》下，中华书局2001年版，第1033~1038页；第1038~1040页；第1041~1044页；第1044~1048页；《古列女传译注》，上海三联书店2014年版，第42页。

续表

《史记》	《楚世家》：惠王二年，子西召故平王太子建之子胜于吴，以为巢大夫，号曰白公。白公好兵而下士，欲报仇。六年，白公请兵令尹子西伐郑。初，白公父建亡在郑，郑杀之，白公亡走吴，子西复召之，故以此怨郑，欲伐之。子西许而未为发兵。八年，晋伐郑，郑告急楚，楚使子西救郑，受赂而去。白公胜怒，乃遂与勇力死士石乞等袭杀令尹子西、子綦于朝，因劫惠王，置之高府，欲弑之。惠王从者屈固负王亡走昭王夫人宫。白公自立为王。月余，会叶公来救楚，楚惠王之徒与共攻白公，杀之。惠王乃复位。
《淮南子》	卷十二《道应训》：1. 白公问于孔子曰："人可以微言?"孔子不应。白公曰："若以石投水中，何如?"曰："吴、越之善没者能取之矣。"曰："若以水投水，何如?"孔子曰："菑、渑之水合，易牙尝而知之。"白公曰："然则人固不可与微言乎?"孔子曰："何谓不可？谁知言之谓者乎?"夫知言之谓者，不以言言也。争鱼者濡，逐兽者趋，非乐之也。故至言去言，至为无为。夫浅知之所争者，末矣！白公不得也，故死于浴室。故《老子》曰："言有宗，事有君。夫唯无知，是以不吾知也。"白公之谓也。 2. 白公胜得荆国，不能以府库分人。七日，石乞入曰："不义得之，又不能布施，患必至矣。不能予人，不若焚之，毋令人害我。"白公弗听也。九日，叶公入，乃发太府之货以予众，出高库之兵以赋民，因而攻之。十有九日而擒白公。夫国非其有也，而欲有之，可谓至贪也。不能为人，又无以自为，可谓至愚矣。譬白公之啬也，何以异于枭之爱其子也。故《老子》曰："持而盈之，不知其已；揣而锐之，不可长保也。"
《韩诗外传》	卷一：楚白公之难，有庄之善者，辞其母，将死君。其母曰："弃母而死君可乎?"曰："吾闻事君者，内其禄而外其身。今之所以养母者，君之禄也，请往死之。"比至朝，三废车中。其仆曰："子惧，何不反也?"曰："惧，吾私也，死君，吾公也。吾闻君子不以私害公。"遂往死之。君子闻之曰："好义哉，必济矣夫。"《诗》云："深则厉，浅则揭。"此之谓也。

续表

《韩诗外传》	卷十：楚有士曰申鸣，治园以养父母，孝闻于楚。王召之，申鸣辞不往。其父曰："王欲用汝，何谓辞之？"申鸣曰："何舍为孝子，乃为王忠臣乎？"其父曰："使汝有禄于国，有位于廷，汝乐而我不忧矣。我欲汝之仕也。"申鸣曰："诺。"遂之朝受命，楚王以为左司马。其年遇白公之乱，杀令尹子西、司马子期，申鸣因以兵围之。白公谓石乞曰："申鸣，天下之勇士也，今将兵，为之奈何？"石乞曰："吾闻申鸣孝子也，劫其父以兵。"使人谓申鸣曰："子与我，则与子分楚国；不与我，则杀乃父。"申鸣流涕而应之曰："始则父之子，今则君之臣，已不得为孝子矣，安得不为忠臣乎？"援桴鼓之，遂杀白公。其父亦死焉。王归赏之，申鸣曰："受君之禄，避君之难，非忠臣也。正君之法，以杀其父，又非孝子也。行不两全，名不两立，悲夫！若此而生，亦何以示天下之士哉！"遂自刎而死。《诗》曰："进退维谷。"
《说苑》	卷四《立节》：1. 齐人有子兰子者，事白公胜。胜将为难，乃告子兰子曰："吾将举大事于国，愿与子共之。"子兰子曰："我事子而与子杀君，是助子之不义也；畏患而去子，是遁子于难也。故不与子杀君，以成吾义，契领于庭，以遂吾行。" 2. 楚有士申鸣者，在家而养其父，孝闻于楚国……遂自杀也。 卷十三《权谋》石乞侍坐于屈建。屈建曰："白公其为乱乎？"石乞曰："是何言也？白公至于室无营，所下士者三人，与己相若臣者五人，所与同衣者千人。白公之行若此，何故为乱？"屈建曰："此建之所谓乱也。以君子行，则可于国家。行过礼则国家疑之，且苟不难下其臣，必不难高其君矣。建是以知夫子将为乱也。"处十月，白公果为乱。
《新序》	卷八《义勇》：1. 楚太子建以费无极之谮见逐，建有子曰胜，在外，子西召胜，使治白，号曰白公。胜怒逐其父，将弑惠王及子西，欲得易甲。陈士勒兵，以示易甲，曰："与我，无患不富贵；不吾与，则此是也。"易甲笑曰："吾子尝言吾义矣，吾子忘之乎。立得天下，不义，吾不取也；威吾以兵，不义，吾不从也。今子将弑子之君，而使我从子，非吾前义也。子虽告我以利，威我以兵，吾不忍为也，子行子之威，则

续表

《新序》	吾亦得明吾义也。逆子以兵，争也；应子以声，鄙也。吾闻士立义不争，行死不鄙。”拱而待兵，颜色不变也。 2. 白公胜将弑楚惠王，王出亡。令尹司马皆死，拔剑而属之于屈庐，曰：“子与我，将舍之；子不与我，将杀子。”屈庐曰：“《诗》有之，曰：‘莫莫葛藟，延于条枚，恺弟君子，求福不回。’今子杀子叔父，而求福于庐也，可乎？知命之士，见利不动，临死不恐；为人臣者，时生则生，时死则死，是谓人臣之礼。故上知天命，下知臣道，其有可劫乎，子胡不推之。”白公胜乃内其剑。 3. 白公胜既杀令尹、司马，欲立王子闾为王，王子闾不肯，劫之以刃。王子闾曰：“王孙辅相楚国，匡正王室，而后自庇焉，启之愿也。今子假威以暴王室，杀伐以乱国家，吾虽死，不子从也。”白公胜曰：“楚国之重，天下无有，天以与子，子何不受也。”……白公强之，不可，遂杀之。叶公子高率众诛白公，而反惠王于国。 4. 白公之难，楚人有庄善者，辞其母，将往死之。……及公门，刎颈而死。君子曰：“好义乎哉。”
《列女传》	卷四《楚白贞姬》：贞姬者，楚白公胜之妻也。白公死，其妻纺绩不嫁。吴王闻其美且有行，使大夫持金百镒、白璧一双以聘焉。以辎軿三十乘迎之，将以为夫人，大夫致币，白妻辞之曰：“白公生之时，妾幸得充后宫，执箕帚，掌衣履，拂枕席，托为妃匹。白公不幸而死，妾愿守其坟墓，以终天年。今王赐金璧之聘。夫人之位，非愚妾之所闻也。且夫弃义从欲者，污也。见利忘死者，贪也。夫贪污之人，王何以为哉？妾闻之，忠臣不借人以力，贞女不假人以色。岂独事生若此哉？于死者亦然。妾既不仁，不能从死，今又去而嫁，不亦太甚乎？”遂辞聘而不行。吴王贤其守节有义，号曰楚贞姬。 ……

白公胜之乱是发生在楚惠王十年（公元前479年）的一场政治动乱，楚平王之孙、前楚国太子公子建之子熊胜（史称白公）由于楚国内乱流落在

外，后被召回楚国，封为白公，白公出于怨恨与政治野心发动叛乱，一度称王，但在叶公（子高）的努力下，很快平息了这场动乱，白公胜自杀身亡。

同样是白公作乱的历史事件，《左传》《史记》中都将叙事重点放在事件的主人公白公身上，而子书则根据不同的叙事目的，有不同的叙事重心。《左传》中主要叙述了这样几个重点情节：子西召白公归楚、白公因怨楚国救郑而筹谋叛杀子西等、白公叛乱、叶公平叛。我们看到，由于《左传》重视记录历史人物的德行、成败，总结得失经验，故而在展示人物言行的情节上花费笔墨较多，如子西召白公归楚时与叶公对白公胜为人的评价，白公胜扬言要杀子西复仇时子西的自大轻敌，以及白公叛乱过程中石乞献计焚库而白公不纳，叶公进城平叛听从意见免胄等，这些都是《左传》叙事的重点，即在叙事中展示人物的性格、德行，蕴含了人物最终成功或失败的历史逻辑，如子西的识人不明和骄傲自大最终招致杀身之祸，白公的心怀怨恨、褊狭好勇导致他走上叛乱身死之路，叶公的善于识人、虚心纳谏使其最终成功平叛。相较于《左传》，《史记·楚世家》中的叙述更为简洁。由于《楚世家》叙述的是整个楚国从建国到灭亡的发展史，楚惠王时期白公胜作乱只是楚国历史上短暂的一个政治上的波澜，故而并未花费过多篇幅叙述这一事件，基本按照时间顺序简要叙述了白公叛乱的缘由、过程、结果。

子书中则根据不同的叙事目的选取了更多素材，叙述人物包括诸多未被史书详细记述或根本未记载的人物，如事白公胜的齐人子兰、屈建、屈庐、庄善、申鸣、白公之妻贞姬等，叙事情节上则明显有许多不载于史籍的，它们多是为服务于书中所欲说明之道理而叙述。

例如，《淮南子》中叙述了白公与孔子的问答，这是为了说明老子所崇尚的“无知”“无为”“不争”的哲理。与《左传》中类似，《淮南子》中也叙述了白公得国后石乞的劝谏，有所不同的是，《左传》中石乞是劝白公“焚库弑王”，《淮南子》中则转移了重点，主要是强调白公“不能以府库分人”，石乞劝谏的重点由“焚库弑王”转向了开库布施，不能予人则焚之，这种改动主要是为了说明老子所讲的持盈之道。而刘向《说苑》《新序》中则是为阐明“臣术”“士节”“义勇”等主题而叙述了白公之乱过程中受到影响、面临生死选择的白公臣下或其他诸多楚国官员的事迹，《列女传》中“楚白贞姬”则主要是通过叙述白公之妻在其死后守节不屈歌颂其贞洁，为其书所倡导的传统女德服务。

由此我们可以看到，子书取材的范围十分广泛，只要能够服务于叙事目的，即使可能是街谈巷议、口耳相传的故事素材，也能够被纳入子书叙事的范围。其价值在于，能够对历史记载作出补充，我们在历史著作中只能够看到以白公、子西、叶公、石乞等为代表的站在历史舞台中心的人物的言行，而作为楚惠王时期的重要政治动乱，白公之乱给当时楚国社会所带来的影响是广泛的，所涉及的必然不仅限于宫廷和政治中心人物，不过，只有后者才被载入史册。可以想见的是，当时还有许多未被记入史书中的人物、故事在民间流传，于是，在子书叙事中，我们得以看到这一事件更广阔范围的影响，包括对以庄善、子兰、申鸣为代表的楚国中下级官员所造成的灾难，以及以白贞姬为代表的楚国贵族妇女所带来的影响。

就西汉子书而言，这种题材选择标准，主要受到两种因素影响，一是自先秦诸子以来形成的“说”类故事聚合的著作体例，二是西汉时代的学术思想风气。

自先秦以来，诸子中就形成了广泛收集各类民间传说、私家传述的“说”类故事传统，其特征是广泛接纳、重视思想性，并不强调史实性。吕思勉论及先秦历史文献，认为其源有二，一是史官所记，一是私家传述①，《太史公自序》云“厥协六经异传，整齐百家杂语”②，我们据此可以推断，秦汉间史官载记之外存在着广泛的记录社会与历史风貌的文献。廖群在考辨先秦出土文献和传世典籍的基础上，推断先秦存在着一种以讲述故事为主旨的叙事文体，当时被称作“说”“传”“语”，即所谓的“说体”，其内容

① 吕思勉：《吕思勉秦汉史》，吉林人民出版社 2013 年版，第 731 页。

② 《太史公自序》，《史记》，中华书局 2013 年版，第 3999 页。

往往包括各种民间故事的传闻，以口头方式传播，在当时为史、子所称引①，不过，自汉代史传叙事的原则、规范逐渐确立后，从史书叙事与子书叙事的发展情况来看，史书对于说体叙事内容的选择是非常严格的，子书对它们的接纳范围显然要广泛得多。高似孙在《子略》中论到汉代子书时说："是足以隽美于一时，而不足以准的于来世。何则？事之鲜纯，言之少择也。刘向《新序》《说苑》奇矣，亦复少探索之工，阙诠定之密，其叙事有与史背者不一二，《书》尚尔，况他书乎？"②"事之鲜纯，言之少择"，这种与史相悖的叙事原则，正指出了子书叙事题材选择上的某种特点。

我们以《韩诗外传》中一例来看：

> 孔子南游适楚，至于阿谷之隧，有处子佩瑱而浣者。孔子曰："彼妇人其可与言矣乎？"抽觞以授子贡，曰："善为之辞，以观其语。"子贡曰："吾北鄙之人也，将南之楚。逢天之暑，思心潭潭，愿乞一饮，以表我心。"妇人对曰："阿谷之隧，隐曲之汜，其水载清载浊，流而趋海，欲饮则饮，何问于婢子！"受子贡觞，迎流而挹之，奂然而弃之，从流而挹之，奂然而溢之，坐置之沙上。曰："礼固不亲授。"子贡以告。孔子曰："丘知之矣。"抽琴去其轸，以授子贡曰："善为之辞，以观其语。"子贡曰："向子之言，穆如清风，不悖我语，和畅我心。于此有琴而无轸，愿借子以调其音。"妇人对曰："吾野鄙之人也，僻陋而无心，五音不知，安能调琴？"子贡以告。孔子曰："丘知之矣。"抽絺纮五两，以授子贡，曰："善为之辞，以观其语。"子贡曰："吾北鄙之人也，将南之楚。于此有絺纮五两，吾不敢以当子身，敢置之水浦。"妇人对曰："行客之人，嗟然永久，分其资财，弃之野鄙。吾年甚少，何敢受子？子不早去，今窃有狂夫守之者矣。"《诗》曰：

① 廖群：《先秦说体文本研究》，中央编译出版社 2018 年版，第 109~121 页。

② （宋）高似孙撰，司马朝军校释：《子略校释》，山东人民出版社 2018 年版，第 347 页。

“南有乔木，不可休思，汉有游女，不可求思。”此之谓也。①

《四库全书总目提要》谓：“其书杂引古事古语，证以《诗》词，与《经》义不相比附，故曰《外传》。所采多与周秦诸子相出入。班固论三家之《诗》，称其‘或取《春秋》、采杂说，咸非其本义’，殆即指此类欤？中间阿谷处女一事，洪迈《容斋随笔》已议之。他如称彭祖名并尧禹，称长生久视，称天变不足畏，称《韶》用干戚，称舜兼二女为非，称荆蒯芮仆不恒其德，语皆有疵。谓柳下惠杀身以成信，谓孔子称御说恤民，谓‘舜生于鸣条’一章为孔子语，谓轮扁对楚成王，谓冉有称吴、楚、燕、代伐秦王，皆非事实。颜渊、子贡、子路言志事与申鸣死白公之难事，皆一条而先后重见，亦失简汰。”②有学者认为，“其为诋毁与揶揄大儒孔子的蓄意造作自不待言。战国时期，百家争鸣，对立面争乃至互相诋毁，所谓‘战国时造词以诬圣贤，何所不有’，《墨子・非儒》就记有诬称孔子‘知白公之谋而奉之以石乞’，‘树鸱夷子皮于田常之门’以助其谋篡弑君之类的事”③。反过来看，无论这则叙事是出于民间传说还是诸子非儒的创作，《韩诗外传》本着“或采杂说”的原则将其收入，我们才得以见到一段在史书与儒家著作中见不到的“孔夫子”的轶事，相比于叙事内容的真实性，历史叙事与子书叙事各自是如何叙述或者叙述了怎样的“孔夫子”，更令我们感兴趣，这则故事虽然拿圣人开了小小的玩笑，然而，也唯有在此，我们才看到一个这样的“孔夫子”，儒家学派的开创者与机敏善辩的子贡在与阿谷河边这个普通女子的言语交锋中，显得有些狼狈。

再看《新序》中关于丑女无盐成为齐后的叙事：

齐有妇人，极丑无双，号曰无盐女。其为人也，白头深目，长肘

① 许维遹校释：《韩诗外传集释》，中华书局1980年版，第2~5页。
② （清）永瑢等：《四库全书总目》，中华书局1965年版，第136页。
③ 马振方：《〈韩诗外传〉之小说考辨》，《北京大学学报》2007年第3期。

> 大节，卯鼻结喉，肥项少发，折腰亚胸，皮肤若漆，行年三十，无所容入，炫嫁不售，流弃莫执。于是乃拂拭短褐，自诣宣王，愿一见。谓谒者曰："妾，齐之不售女也，闻君王之圣德，愿备后宫之扫除。顿首司马门外，唯王幸许之。"谒者以闻。宣王方置酒于渐台，左右闻之，莫不掩口而大笑曰："此天下强颜女子也。"于是宣王乃召而见之，谓曰："昔先王为寡人取妃匹，皆已备有列位矣。寡人今日听郑卫之声，讴吟感伤，扬激楚之遗风。今夫人不容于乡里布衣，而欲干万乘之王，亦有奇能乎?"无盐女对曰："无有。直窃慕大王之美义耳。"王曰："虽然，何喜?"良久，曰："窃尝喜隐。"王曰："隐固寡人之所愿也，试一行之。"言未卒，忽然不见矣。宣王大惊，发《隐书》而读之，退而惟之，又不能得。明日，复更召而问之，不以隐对，但扬目炫齿，举手拊肘，曰："殆哉殆哉。"如此者四。宣王曰："愿遂闻命。"①

文中随后叙述了无盐女向宣王指出齐国"四殆"，"于是立停渐台，罢女乐，退谄谀，去雕琢，选兵马，实府库，四辟公门，招进直言，延及侧陋，择吉日，立太子，进慈母，显隐女，拜无盐君为后。而齐国大安者，丑女之力也"②。根据学者考辨，这"本属极违情理决不存在的怪诞奇闻，也无任何一部先秦史书或典籍做过记载"③，其叙事目的和意义就在于表达国君不可耽于享乐，要以国事为重、励精图治，要善于纳谏、重德甚于重色。然而，叙事中极力强调无盐女之丑以及身份之神秘，这多少有使故事听起来更新奇、更吸引人的意图。

事实上，子书中注重广泛搜集各种叙事材料的努力自战国中后期便已开始，西汉时期，随着政府注重搜集和整理文献，进行学术和文化上的总

① 石光瑛校释，陈新整理：《新序校释》上，中华书局2009年版，第281~289页。

② 石光瑛校释，陈新整理：《新序校释》上，中华书局2009年版，第294~295页。

③ 马振方：《〈新序〉〈说苑〉之小说考辨》，《文艺研究》2008年第4期。

结，子部故事的集结进入新的发展阶段。如果说，春秋时期及战国前期以孔门弟子为代表的诸子叙事主要是以记录师友言行的师门记为主，那么，战国后期，随着诸子自造新著以发挥己见、游说人主，子书开始有意识地广泛搜罗和整理各种叙事材料。

其中，值得注意的是记载古贤人事迹的《晏子春秋》《管子》，以及收集民间传说、寓言的策士之辞与《韩非子》。“《晏子春秋》非晏婴门人所作，而是在晏婴逝后数百年的战国中后期由仰慕晏婴的无名氏在广泛搜集相关材料的基础上纂辑成书，故与《论语》《孟子》等师门记类诸子著作相比，《晏子春秋》在叙事材料的选择上更为自由。从此，诸子叙事可在师门系统外寻找题材，把目光投向数百年前的历史人物。此类诸子著作在六国时大量出现，这在《汉书·艺文志·诸子略》里多有著录。而从《晏子春秋》产生时间看，正处在传统师门记类叙事走向衰微，诸子著书立说日趋兴起的战国中后期。”①的确，战国中后期，诸子学说的竞争日趋激烈，而游说君主的现实任务使得诸子著作对于说理的形象化更为重视，由于古人向来重视历史经验教训的总结，子书中博引历史故事，同时，收集普通人的轶闻与趣事以增强说理的新颖性和趣味性，成为一时风尚。这在以《战国策》为代表的策士之辞中体现得较为突出。随着诸子著作中所含的叙事成分日渐增多，地位日趋重要，说理与叙事分离，人们对于那些曾经作为论据的叙事材料充分搜罗，兼采并蓄，叙事由附庸而蔚为大观，这一点在《韩非子》中得以体现。“《韩非子》引用的故事非常多，《说林》《储说》中就含有近三百则。这些故事的主要来源有历史著作、民间传说，战国时民间传闻的各种人物轶事、琐语趣谈、生活故事极为繁富。它们或口耳相传，平添了许多趣味，或直接来源于现实生活，清新活泼，机灵智慧，引起了士人们注意，使得他们在自己的著述中不断加以引用，韩非的‘说’即是战国士人‘说辞’发展的结果，同时又是秦汉‘说’类著作的开端，《吕氏春秋》中有

① 徐君辉：《战国诸子叙事与中国古代史传文的成熟》，《贵州社会科学》2010年第12期。

许多篇章，在体例上与《韩非子》中的‘说’很接近，《韩诗外传》体例全同《喻老》，《说苑杂事》直承《说林》余绪，到刘向时，则有意按照韩非开创的体例来整理旧籍了。刘向治书，按照以类相从的原则，把大量的散乱无章的历史故事、寓言、逸闻趣事、神异传说等收集在一起，依照《说林》《说苑杂事》的体例，编著了《新序》《说苑》《世说》《列女传》等故事集。刘向编辑这些书的目的，据班固言是为了‘戒天子’，以助观览，补遗阙，这表明刘向承袭了韩非以来的传统思想。”①吕冠南从先唐古籍划分内、外篇的通例角度出发考察了《韩诗外传》的性质，从《晏子春秋》《淮南子》《抱朴子》等古籍分内、外篇的例子来说明，中古之前古籍分内、外的依据是，内篇为主流学术，体现作者的核心思想，外篇为支流学术，在学术思想中处于从属地位。《韩诗》的内、外传之别也在于此，《内传》依据经典，所用材料皆围绕儒家学派，《外传》则突破儒家学术的范围，包含更为广泛、博杂的内容，如内藤湖南所言，书中“有许多是对战国以后各种事实的传说，例如那些与《左传》《国语》所载内容类似的佚事、杂说”②。由此我们可以看到，汉初仍保留着先秦以来的著述风气，可以说，“以助观览”、有补遗阙，是西汉子书对子书叙事发展历史任务的自觉继承。

此外，西汉时代的学术风气对子书叙事的选择标准也有影响，即总结、整理先秦学术，大量搜罗、保存先代旧籍，使得西汉子书在整理、汇编过程中对先秦流传的故事进行广泛收集。西汉时期，在经历了先秦及秦亡后的政治纷乱、学术分裂之后，在文化上进入一个自觉的回顾、总结时期，不仅在学术上对先秦流派纷呈的各家学说进行梳理和谱系建构，而且，对于先代散失的文献也着意搜集、整理。梁启超总结西汉的学术风气说：“至于思想学术，汉代亦较简单，汉时墨家业已消灭，只剩道儒两家。道家整理工作的表现，在于《淮南子》。《淮南子》一书，可谓战国以来，总

① 仇洪伟：《论先秦两汉的说与小说》，严家炎、袁行霈主编：《缀玉集 北京大学中文系研究生论文选编》，北京大学出版社 1990 年版，第 273~276 页。

② 参见吕冠南：《〈韩诗外传〉性质问题新论——兼谈先唐古籍划分内、外之通例》，《北京社会科学》2020 年第 4 期。

括许多学说，为一极有系统之著述。儒家整理工作的表现，在于治经。”① 从《淮南子》的特征来看，西汉学术风气的确有总括诸家学说、整理总结的特点。这种对学术和文化思想的整理工作不仅表现在学术思想上，也表现在文献整理上。《汉书·艺文志》云：“汉兴，改秦之败，大收篇籍，广开献书之路。迄孝武世，书缺简脱，礼坏乐崩，圣上喟然而称曰：‘朕甚闵焉！’于是建藏书之策，置写书之官，下及诸子传说，皆充秘府。至成帝时，以书颇散亡，使谒者陈农求遗书于天下。”②这项工作从汉武帝时期就已进行，在国家承平日久的西汉晚期，朝廷更是专门派遣官员，动用中央政府的力量来大规模开展。刘向就是其中的重要参与者。

汉代的文献整理工作体现出“兼收并蓄”的特点。虽然汉代提倡“罢黜百家”，但无论是在思想方面，还是在文献方面，都没有真正这样实践。在文献种类上，西汉时期并不排斥儒家之外的文献，朝廷藏书对于各类文献都予以搜集，并且，汉初出于政治、军事的需要，对兵家、法家、道家的文献，也十分重视其整理和传播，汉成帝时期的校理文献，面向的对象也是所有类型的文献。在文献内容上，诸种文献也并行不悖，这种包容的学术风气也影响了汉代学者的文献整理工作，如刘向在文献整理中就往往利用多种来源的文献，如宫禁、太常、太史和私人的藏书，加以参详。③

以《列女传》为例，我们从中可以看到这种采用文献的特点。刘向编撰《列女传》，所采文献的来源十分广泛。《汉书·刘向传》中说：“故采取《诗》《书》所载贤妃贞妇，兴国显家可法则，及孽嬖乱亡者，序次为《列女传》，凡八篇，以戒天子。及采传记行事，著《新序》《说苑》凡五十篇奏之。”④日本学者冈村繁认为：“刘向在编撰《列女传》时，其传记资料中采入了《诗》《书》经文中的相关记载，但是这里所讲的《诗》《书》无疑并非指《诗经》《书经》。因为在《诗经》《书经》中全然未见《列女传》中那样详细的

① 梁启超：《梁启超论儒家哲学》，商务印书馆 2012 年版，第 33 页。
② 《汉书》卷三十，中华书局 1962 年版，第 1701 页。
③ 王国强：《汉代文献学研究》，线装书局 2007 年版，第 226~228 页。
④ 《汉书》卷三十六，中华书局 1962 年版，第 1957~1958 页。

传记叙述，并且《列女传》所载传记包括大量《诗经》《书经》出现以后的春秋战国时代的故事，甚至可以并不过分地说，这类内容占全书的大部。……很可能刘向所依据的《诗经》是从其父祖辈作为家学承传下来的鲁诗学派的传统解说书（诸如韩诗学派的《韩诗外传》之类的典籍）。”①可以看出，刘向在编撰《列女传》时采用资料的来源不仅包含了大量见于先秦儒家传世经典的内容，也包括了这之外的内容。据考察，《列女传》的材料来源主要有三类②：一是史传中的史料，如取材自《左传》《国语》中的内容，出自《左传》的有《贤明传》中的《晋文齐姜》、《仁智传》的中《楚武邓曼》、《孽嬖传》中的《卫宣公姜》等；来源于《国语》的有《仁智传》中的《密康公母》《晋羊叔姬》等。二是经传、诸子著作中的素材。除了儒家经典如“五经”，从先秦到西汉时期的经传、诸子之书也成为《列女传》的重要素材来源，尤其是具有很强叙事色彩的经传《韩诗外传》，以及汇集诸家的《淮南子》《吕氏春秋》等。其他如《管子》《新书》等，也成为其素材来源。三是异文、传说。如前所述，刘向在校书过程中有机会接触不同版本的书籍资料，有的内容在传世文献中少见或不见，正是有赖于《列女传》保存下来。这些资料中当有部分是流传于口头的，或来源于民间传说。例如，书中关于民间女子的事迹，如《节义传》中“鲁义姑姊”“齐义继母”“梁节姑姊”“京师节女”等人，她们或是鲁国“野人”之妇，或是“齐人”之母，或是“里人”之妻，都是普通的民间百姓，甚至连姓名都未知，这样的人物在《汉书》列传中是不可能被写上一笔的，但在《列女传》中被记载下来，很可能是根据民间传闻加工而成。

概而言之，子书在取材上不排斥“逸”出史传的内容，这是自先秦诸子“说”类叙事就已形成的传统，在西汉兼容并蓄、思想融合的时代文化背景之下，来源各异、数量丰富的叙事素材被采择搜集，最终形成了以刘向著

① ［日］冈村繁著，陆晓光译：《汉魏六朝的思想与文学》，上海古籍出版社 2002 年版，第 3 页。

② 参见郑先彬：《刘向〈列女传颂图〉研究》，凤凰出版社 2013 年版，第 31～32 页。

作为代表的故事汇集、整理形态。

二、贤人：时代的剪影

在题材选择的对象上，与史传叙事相比，子书的特点是，从军政到教化，从帝王到贤人。

首先，子、史的关注内容分别侧重于思想、教化和社会军政大事，这与两者的文体功能有关。史部叙事的功能是什么？这一点可以从史部最重要的类别——正史中寻找答案。汉代司马迁的《史记》，不仅开创了正史的规范体裁纪、传、表、志体，而且影响了正史叙事的传统和规范，就其功能而言，首要的是纪录政治变迁的历史事实，即“王迹所兴，原始察终，见盛观衰”(司马迁《太史公自序》)。史学家吕思勉在谈到正史时说：“正史之名，初为学者的见解，后来则系功令所定，并不能表示其书之体裁，亦不能表示其内容。就其书之体裁言，昔人称为纪传表志体。至其内容，则马端临的《文献通考·序》最能表示旧时学者的意见。他把史事分为(一)理乱兴衰，(二)典章经制两类。前者是政治上随时发生的事情，后者则政治上预定的制度，所用以应付未来的。正史中之表，乃所以安排零碎的事情，使有条理系统，其事情的性质，并无一定；纪、传则大体上系记前一类的事情；志则专记后一类的事情。我们试本此而观，便知正史所以被称为正史之故，因为昔时史家，重视这两类事实，在体例上，都能够把它包括无遗，其余的史书，虽所载的事实，或较正史为详确；又或其体例较正史为便于观览；然都不如正史能包括。……在功令上，要勉强定于一尊，自舍今之正史莫属了。”①从这段论述中，我们可以看到，虽然诸如表、志等主要功能是记录典章制度，但正史的核心纪、传主要是关于社会军政大事的历史事实，记录了政治上的治乱兴衰的史实，正史之所以被人们所重视，原因就在于此。

---

① 吕思勉：《吕著史学与史籍》，华东师范大学出版社 2002 年版，第 116～117 页。

与之相较，子书的功能重心则在关注思想与教化。冯友兰在《中国哲学史》中对子学的兴起和特征作了论述。他将中国哲学分为“子学时代”和“经学时代”，认为“自孔子至淮南王为子学时代，自董仲舒至康有为为经学时代”①。可以看出，先秦时代是子学最昌盛的时期，西汉初继承了诸子时代的流风余绪。关于子学时代的形成，冯友兰认为是由于“自春秋迄汉初，在中国历史中，为一大解放之时代”②，随着井田制经济的破坏，与之相应的世卿世禄制的贵族政治也濒临崩溃，宗法等级制的社会结构遭到破坏。面对社会结构和秩序的变化，此时的知识分子需要在制度、思想层面对社会裂变进行深入反思，其思考、反思的结果在哲学层面的表现就是“子学”的诞生。子学的特征就在于思想的表达，并且是创造性的思想发明。诸子的各家各派之间地位平等，“各家各派，尽量发表各自的见解，以平等的资格，同别家互相辩论。不承认有所谓‘一尊’，也没有‘一尊’”③。可以看到，重视思想表达，是子书的传统。

当秦汉统一以后，中央集权的发展使得子学失去了先秦时代的自由、开放的思想环境，这时的子学仍然保留着为社会治理提供思想支持的传统，只是在儒家思想取得主流地位之后，这种支持转变为给君主治国提供儒家思想框架下的教化之道。无论是西汉初的陆贾、贾谊，还是武帝时的董仲舒，以及西汉后期刘向、扬雄等，都十分重视教化。贾谊的《新书》不但为帝王陈说为君之道、治国方略，而且专门就帝王接受儒家教导的问题作了探讨，卷五《傅职》《保傅》《辅佐》都对天子接受教育和辅导的问题进行了论述，体现了儒家已经开始重视按照其政治理想教化君主。尤其是在董仲舒之后，西汉子书的重心更是转向了儒家教化。这一点在刘向、扬雄身上体现得尤为明显。刘向编著《新序》《说苑》等的目的就是使君王领悟为君治国之道，宣扬儒家政治伦理思想。可以说，相较于史书关注记载社会军政大事的功能，子书的功能主要是阐发思想，在思想环境由先秦诸子争

① 冯友兰：《中国哲学史》(上)，商务印书馆 2011 年版，第 423~424 页。
② 冯友兰：《中国哲学史》(上)，商务印书馆 2011 年版，第 24 页。
③ 冯友兰：《三松堂全集》第一卷，河南人民出版社 2001 年，第 187 页。

鸣到汉代儒家成为主流的历史变迁大势中，思想与教化逐渐成为子书凸显的主题。

其次，“贤人”是西汉子书中特别值得关注的群体。在内容上，史书重视书写社会军政大事，记录治乱兴衰和典章制度，子书则重视思想学说的表达、教化之道的传达，而在书写对象上，史、子的区别则在于重视的对象从帝王走向贤人。史书关心的是一个国家权力体系运作过程中占据关键地位的角色，一段历史发展演变过程中具有决定性或转折性意义的事件，我们可以说，在史书中，这个历史更替的关键角色往往是帝王将相，这个关键的事件往往是战争或政变。而子书的作者更青睐“贤人”——有贤德的士人甚至庶人，他们拥“道”而不一定有“势”。

诚然，子书中常常称引如晏子、孙叔敖、子产等贤明执政者，然而也会涉及相当大部分并非显贵的寒士甚至平民百姓，如一些无官无禄的隐士、狂人的言行，卑微的匹夫仆妇的细行，等等。只要他们身上有一点“德”的光芒闪烁，就可以进入子书的叙事视野。从这个角度看，子书叙事将历史与现实、社会地位各异、来自不同阶层和职业的人物都纳入其书写范围，在叙事对象上较历史叙事更具广泛性和多元性。

西汉子书中为我们呈现了丰富多彩的贤人群像。这些贤人的特点是：

(一)他们来自不同的社会阶层和行业。如果说，历史著作最为重视的是人物的社会角色和影响，本纪、世家、列传的体例本身反映了不同阶层、身份的人在历史发展进程及史书中的重要性是有所区别的。但在子书中，并不存在对人身份、地位、阶层的强调和重视。从体例上看，子书并不以人物的身份、地位作为选篇定目的标准；从内容看，子书既包括在历史上著名的贤臣、贤相，如晏子、子产等，也包括其他因嘉言懿行而被记载的人，他们来自不同的社会阶层和职业。

我们看到，子书中固然也记录了历史上著名的贤臣，如晏婴、子产、李克、孙叔敖、蹇叔等人的轶事，不过，也记载了大量善于劝谏君主的其他人，如《韩诗外传》卷二“晋文侯使李离为大理”，《说苑》卷一为魏文侯乐师的师经、卷三晋平公乐师师旷等就是例子。当然，也有地位卑下，甚至没有留下姓名的贤人，如《韩诗外传》卷六劝谏晋平公的“船人”、卷七孙叔敖遇到的“狐丘丈人”，《新序》中“靖郭君城薛”一条中进谏的“有一齐人”、“齐桓公出游”中应对的“野人”、“楚人有献鱼楚王者”中的“渔者”，《淮南子·览冥训》中的御者、《道应训》中为“大司马捶钩者”等。例如《淮南子·道应训》中两则：

狐丘丈人谓孙叔敖曰：“人有三怨，子知之乎?”孙叔敖曰：“何谓也?”对曰：“爵高者士妒之，官大者主恶之，禄厚者怨处之。”孙叔敖曰：“吾爵益高，吾志益下；吾官益大，吾心益小；吾禄益厚，吾施益博，是以免三怨，可乎?”故《老子》曰：“故贵必以贱为本，高必以下为基。”

大司马捶钩者，年八十矣，而不失钩芒。大司马曰：“子巧邪?有道邪?”曰：“臣有守也。臣年二十好捶钩，于物无视也，非钩无察也。”是以用之者，必假于弗用也，而以长得其用，而况持不用者乎?物孰不济焉？故《老子》曰：“从事于道者，同于道。”①

狐丘丈人对孙叔敖的提醒可谓是富于远见、未雨绸缪，而孙叔敖也体现出非凡的处世智慧，二人的问答可以说相得益彰。而后一则中，则更多体现了捶钩者的智慧，他之所以能达到年八十而不失钩芒的境界，得益于其“有守”的心境，除了捶钩，“于物无视”。虽然书中只是借这两则故事来阐释老子的思想，但这两位富于智慧的耆老贤者的形象同时也跃然纸上。狐丘丈人说孙叔敖之事还见于《列子》《韩诗外传》，大司马捶钩者事见于《庄子·知北游》，可见西汉子书对先秦诸子的传承，不只表现在对其学术思想的承继，对其著作内容的吸收整理上，从它们对叙事内容的选择上也可以看到，它们同样承继了先秦诸子对平民百姓、民间智慧的重视。

（二）他们身上共同的特点是，具有劝谏人君的非凡智慧。虽然他们并

① 陈广忠校点：《淮南子》，上海古籍出版社2016年版，第292页。

非地位显赫的官员，但无不善于从自己的职业或日常生活中汲取智慧，令君主感悟治国之道。

《新序》中的“渔者”以“献鱼”令楚王感悟“君人之道”，“于是乃遣使恤鳏寡，而存孤独；出仓粟，发币帛，而振不足；罢去后宫不御者，出以妻鳏夫”①；齐桓公出游遇到的“野人”以“郭氏之墟”向桓公讲述了“善善而不能行，恶恶而不能去，是以为墟也”②的道理，即强调不仅要分辨善恶，还要知行合一，从管仲对桓公所说“君亦一郭氏也”，可以看到，这是对人主普遍适用的治国之道，也可以看出“野人”善于劝谏国君的智慧。这些人位卑言轻，没有参与重大历史事件的机会，在历史叙事中很难找到一席之地，然而，在历史智慧与知识的积累过程中，他们的光辉不可泯灭，子书叙事就为我们展示了这样一个丰富、广阔的群体。

子书的这种选择是与时代相关的。春秋晚期开始，一个不可忽略的重要文化现象是士阶层的崛起。余英时从社会阶层流动的角度对“士”的身份进行了考察，认为他们是贵族的下层或庶人的上层。③ 顾颉刚在《武士与文士之蜕化》中认为，士在春秋时期还是充当武职，其后逐渐演变成为家主出谋划策、排纷解难的文士。由此可见，“士”不同于春秋时期以“君子”为代表的文化阶层，他们并没有贵族身份的政治优势与生活保障，唯一的生存依凭是知识与道德，而在时代舞台上，主角却是那些虽然没有高位和权势，却拥有智慧与道义的贤人。④ 子学的兴起正是士人阶层在历史舞台上大放异彩的体现，自然，这一大批拥有知识、智慧的“贤人”，其嘉言善行成为子书的重要内容。

就西汉而言，西汉子书中出现大量关于“贤人”的叙事，与关注“尊贤”

① 石光瑛校释，陈新整理：《新序校释》上，中华书局2001年版，第200页。
② 石光瑛校释，陈新整理：《新序校释》中，中华书局2001年版，第592页。
③ 余英时：《士与中国文化》，上海人民出版社1987年版，第85~87页。
④ 顾颉刚：《顾颉刚读书笔记》卷16，中华书局2011年版，第64~115页。

问题的时代氛围有关。西汉时期“尊贤”“重德”的思想尤为浓重。① 汉初士人面对速亡的秦王朝一直存在着政治心理上的焦虑感，一个统一王朝建立仅二十余年就化为废墟，一定是在什么地方出了问题，而这正是新朝应该吸取的教训。从汉初的陆贾、贾谊开始，士人们就特别热衷探讨这个话题。他们一致将其归结为秦的暴政，其中很重要一点，就是统治者的不修仁德、不任贤才。陆贾《新语·资质》篇中认为，人主昏庸，导致贤人不得志，不肖者显大，国家难免覆亡的命运，所以，明君须体察下情，拔擢贤才。② 贾谊在《新书·过秦论》中也提出，如果秦二世能够任用忠贤之才，君臣一心，共同应对忧患，矫正秦始皇的施政弊端，秦朝尚可以避免二世而亡的命运。

从汉初陆贾、贾谊到西汉后期的刘向、扬雄，都表达了对此的重视，尤其在经学成为主流的西汉后期，儒家的传统政治理想就是君主尊贤任能、施行仁政，尊贤问题成为子书关心的焦点。刘向编撰《新序》《说苑》，就是为了向皇帝讲述关于治国理政的道理。《说苑·君道》中论述了人君之道，认为作为国君，其主要的任务是“知人”“举贤”，“是故知人者王道也，知事者臣道也，王道知人，臣道知事，毋乱旧法而天下治矣”，“故君使臣自贡其能，则万一之不失矣，王者何？以选贤。夫王者得贤材以自辅，然后治也”。③《说苑》中专辟《尊贤》一章，阐明这一问题的重要性，开篇即说：“人君之欲平治天下而垂荣名者，必尊贤而下士。”④接着用春秋战国时期诸多任贤的正面、反面例子来说明其重要性，“夫得贤失贤其损益之验如此。而人主忽于所用，甚可疾痛也。夫智不足以见贤，无可奈何矣。若智能见之，而强不能决，犹豫不用，而大者死亡，小者乱倾，此

① 参见郜积意：《经典的批判——西汉文学思想研究》，东方出版社 2000 年版，第 1~2 页。

② 李振宏注：《新语》，河南大学出版社 2016 年版，第 190 页。

③ 方勇主编，程翔评注：《说苑》，商务印书馆 2018 年版，第 15~16 页。

④ 方勇主编，程翔评注：《说苑》，商务印书馆 2018 年版，第 325 页。

甚可悲哀也”①，尊贤问题是关乎国家兴衰、人君成败的关键。《新序》中也大量引用故事来讲述尊贤的问题，如卷五《杂事五》中借“和氏璧”的故事表达了“进贤”之难，认为进献和氏璧那样的宝物尚且要看是否契合君主的心意，难于成功，进贤就更难。因为贤才和奸臣势如水火，如果奸臣在朝，必定会想方设法使贤才不合君主心意，所以进贤要比献宝更难上万倍。②

尊贤不仅是关乎国家兴亡的问题，同时，也是士人阶层对自身价值肯定、重视的思想基础。作为解经之作，《韩诗外传》同样体现了士人追求知识和思想的特点，“不管《外传》是为授课讲义之用，还是著述以流传于世，设定的读者对象肯定是以儒生为主的士人。韩婴的学生主要是儒生，也应该包括一些儒生之外的士阶层的人。虽然‘士’的来源比较复杂，有的来自下层，如商贩屠夫、农耕之士；有的来自上层没落的封建贵族，但他们有个共同特点，就是谁都不想默默无闻地做自然生灭的顺民、奴隶，而要尽力脱离生产，担当政治后备军或知识的担当者（后者只是暂时的过渡角色），因而他们要学诗，不是要从《诗经》里学习怎样耕地、怎样沤麻、何时采桑、何时凿冰。虽然也要多识草木鸟兽之名，但不是为了自己要防饥糊口而去挖野菜捕鸟兽。学诗的这些儒生或士人，他们有自己物质生活内容，有从这种生活内容出发的知识体系，也有基于他们的生活内容、知识结构的政治目标以外的求知和思辨的兴趣，我们仔细分析《韩诗外传》所讲解阐释的诗义，直接的也好，间接的也好，都围绕、迎合了这种士人的生活和情趣”③。无论是从反思秦朝二世而亡的政治时代背景出发，还是从士人对自身作为知识阶层价值的肯定出发，西汉子书对于贤人叙事都显示出特别关注，集中表现了这一体现时代思想特征的群体。

---

① 方勇主编，程翔评注：《说苑》，商务印书馆 2018 年版，第 328 页。

② 石光瑛校释，陈新整理：《新序校释》中，中华书局 2001 年版，第 781～787 页。

③ 艾春明：《〈韩诗外传〉研究》，辽宁大学出版社 2010 年版，第 41 页。

第三章　重组与速率：西汉子书叙事方式

在理解了子书叙事题材选择的标准后，我们需要进一步追问的问题是：子书是如何面对和处理这些内容材料的？这其实涉及叙事观念、方式的问题。“叙事”一词始见于唐代史学家刘知幾的《史通》，“叙”的本义是次序、秩序，可见，古人在使用“叙事”来指代叙述历史的活动时，最为重视的是历史事件叙述的次序、条理。叙事观念不仅包含着对叙事本体活动的认识，也蕴含着对叙事价值的认识和判断。从中国叙事发展史来看，历史叙事活动是中国叙事的源头、基础，子书叙事尤其离不开历史叙事的孕育和滋养，甚至在相当长的时间里，子、史叙事呈现出混沌不清的面貌。我们从整体上对子、史叙事观念进行比较，就会发现，当历史叙事由先秦向西汉发展的过程中，史传叙事逐渐走向成熟，“因事见道”成为史传叙事的观念；子书则继承、发扬先秦诸子“拥道立言”的传统，逐渐从以叙事佐议论，向以主题聚合叙事发展。在不同叙事观念的指导下，子、史也呈现出不同的叙事方式和面貌。

第一节　拥道立言：子书叙事观念

一、子、史叙事观念比较

“所谓叙事观念，即作者对结构作品的基本认识或态度，具体地说，作者在结构他的作品的时候，是为了一定的功利需要还是为了对于过程的展示。因此，它是不同作家的艺术思维方式和艺术传达方式的选择。”①不可否认，创作者以何种观念认识看待叙事创作，对叙事行为、叙事作品有深刻的影响。

徐复观在《两汉思想史》中论及中国思想表达方式时，指出“由先秦以及西汉，思想家表达自己的思想，概略言之，有两种方式。一种方式或者可以说是属于《论语》《老子》的系统。把自己的思想，主要用自己的语言表达出来，赋予概念性的说明。这是最常见的诸子百家所用的方式。另一种方式，或者可以说是属于《春秋》的系统。把自己的思想，主要用古人的言行表达出来；通过古人的言行，作自己思想得以成立的根据。这是诸子百家用作表达的一种特殊方式”②。

我们认为，虽然同样是叙述古人言行，与历史叙事“因事见道”的叙事观念相对比，子书叙事是基于“拥道立言”的叙事观念。

历史叙事是记录下曾经发生的事件，保存古代的典章制度和人世变迁的轨迹，让执政者从中吸取历史经验，即“以史为鉴，可以知兴替”，而诸子叙事则是为了“宣道”，他们往往持有一定的见解和立场，在此基础上，从古往今来的事实中采撷合于己意的，增强论说的说服力。这是子、史二者在叙事观念上的关键区别。

“因事见道”是史书叙事的原则，这指史书通过对史实的叙述来体现特定的史观，其内涵主要包括这样两层意义：一、遵循“实录”原则，保持对历史事件真实、客观的记录和叙事。二、通过多样的史家笔法寄予褒贬，在史实的叙事中体现历史道德。

对客观事实的忠实记录，是中国传统史书叙事的重要原则。《文心雕龙·史传》篇中说：“若夫追述远代，代远多伪，公羊高云：‘传闻异辞’；荀况称‘详近略远’；盖文疑则阙，贵信史也。然俗皆爱奇，莫顾理实。传闻而欲伟其事，录远而欲详其迹。于是弃同即异，穿凿旁说，旧史所无，我书则博，此讹滥之本源，而述远之巨蠹也。至于纪编同时，时同多诡，

① 孟繁华：《叙事的艺术》，中国文联出版公司1989年版，第2~3页。

② 徐复观：《两汉思想史》第三卷，华东师范大学出版社2001年版，第1页。

虽定、哀微辞，而世情利害。勋荣之家，虽庸夫而尽饰；迍败之士，虽令德而常埋，吹煦霜露，寒暑笔端，此又同时之枉，可为叹息者也。故述远则诬矫如彼，记近则回邪如此，析理居正，唯素心乎。"①对"信史"的追求，是中国史学自先秦以来就确立的原则，在史学表达上就是"实录"。班固在《汉书·司马迁传》中认为，司马迁的《史记》就是"实录"，"又其是非颇缪于圣人，论大道则先黄老而后六经，序游侠则退处士而进奸雄，述货殖则崇势利而羞贱贫，此其所蔽也。然自刘向、扬雄博极群书，皆称迁有良史之材，服其善序事理，辨而不华，质而不俚，其文直，其事核，不虚美，不隐恶，故谓之实录"②。虽然，直到班固时方才正式总结史学的"实录"原则，但实录精神在先秦史学中已被普遍认可。尹雪华考察了先秦史传叙事发展的情形，认为"实录"原则的发展经历了三个阶段，"第一阶段是孔子之前书法无隐的阶段；第二个阶段是《左传》《史记》的阶段，这是以孟子所说的事与文的方向展开的；第三个阶段是《汉书》的总结阶段"③。早在春秋时期，"书法无隐"就成为史书叙事对真实的一种追求，由于记载史实往往面临着强大的现实政治压力，故而，能否如实地、真实地记录事实成为评价史官和史书优劣的一个重要标准，孔子赞扬董狐为良史，就是着眼于其不畏权势、秉笔直书的精神。《左传》更以具体历史实践印证了这一原则，对于春秋时期公卿、诸侯乃至天子的失礼、失德行为都予以客观公正的记载和评价。司马迁的《史记》继承了先秦史学的"实录"精神，不仅对历史进行客观记载，也忠实记录了当代社会的真实状况，因此招致汉武帝的不满。直到东汉，班固在《汉书》中对史书的"实录"原则进行了总结。

先秦两汉的史学"实录"原则从此成为中国传统史学的基本原则，如刘知幾曾以"照镜"为喻，说明了史书叙事的"实录"："盖明镜之照物也，妍

① （南朝梁）刘勰著，郭晋稀注译：《文心雕龙》，岳麓书社 2004 年版，第 146 页。

② 《汉书》卷六十二，中华书局 1962 年版，第 2737～2738 页。

③ 尹雪华：《先秦两汉史传叙事研究》，学林出版社 2017 年版，第 43 页。

媸必露，不以毛嫱之面或有疵瑕，而寝其鉴也；虚空之传响也，清浊必闻，不以绵驹之歌时有误曲，而辍其应也。夫史官执简，宜类于斯。苟爱而知其丑，憎而知其善，善恶必书，斯为实录。”①这段话论述了“实录”的核心，即史书叙事要全面、真实，不能讳言丑恶、歪曲事实。“实录”也成为“良史”的重要标志，“盖君子以博闻多识为工，良史以实录直书为贵”②。

另一方面，史书追求“实录”，但也要在叙事中寄予对历史人物和事件的褒贬，体现儒家的政治、历史伦理观念。《史通·六家》说：“逮仲尼之修《春秋》也，乃观周礼之旧法，遵鲁史之遗文；据行事，仍人道；就败以明罚，因兴以立功；假日月而定历数，籍朝聘而正礼乐；微婉其说，志晦其文；为不刊之言，著将来之法，故能弥历千载，而其书独行……至太史公著《史记》，始以天子为《本纪》，考其宗旨，如法《春秋》。自是为国史者，皆用斯法。然时移世异，体式不同。其所书之事也，皆言罕褒讳，事无黜陟，故马迁所谓整齐故事耳，安得比于《春秋》哉！”③在刘知幾看来，《春秋》之所以成为史书中的不刊之作，就是因为书中不仅记录了春秋时期的历史变迁轨迹，而且体现了对儒家礼法和大义的维护，在历史叙事中寄予了褒贬，立场鲜明。他认为，在司马迁的《史记》中则很少看到这一点，对事件和人物的褒贬、评价较之《春秋》要态度模糊得多，因此比不上《春秋》。这当然与先秦、汉初的不同时代文化特征有关，不过，这一点也确实成为传统史学对史书叙事的要求。

不过，应该指出的是，其一，维护历史道德、寄予历史褒贬，应该通过对史实的叙述体现出来，不能以损害叙述历史事实为代价，吴缜在《新唐书纠谬序》中说：“夫为史之要有三，一曰事实，二曰褒贬，三曰文采……若乃事实未明，而徒以褒贬、文采为事，则是既不成书，而又失为

① (唐)刘知幾：《史通》，上海古籍出版社2008年版，第289页。
② (唐)刘知幾：《史通》，上海古籍出版社2008年版，第294页。
③ (唐)刘知幾：《史通》，上海古籍出版社2008年版，第8页。

史之意矣。”①其二，虽然褒贬本是主观评价，但作为史官，应秉持“公心”，这就是说，褒贬抑扬仍具有一定的客观性，这就是所谓的“史德”。章学诚在《文史通义》中在刘知幾的“史学、史才、史识”之外，特别提出“史德”，即著史者的立场。他认为，“盖欲为良史者，当慎辨于天人之际，尽其天而不益以人也。尽其天而不益以人，虽未能至，苟允知之，亦足以称著书者之心术矣”②。所谓“尽其天”，就是史家所追求的天道，某种意义上讲即历史演变的公理，这一点与“实录”的客观态度是相通的。

总而言之，史书叙事“因事见道”的叙事原则，是将史“事”的实录原则放在首位，通过对“事”的客观叙述以见历史演变之“道”。

子书则不然，“拥道立言”是其叙事的原则。所谓“拥道立言”，是指子书是在一定的学术、思想观念之下选择叙事内容作为说理的辅助和佐证。

首先，子书的“拥道立言”是在特定的时代背景下产生的，那就是史统已散，官学衰微，诸子拥有了私人著述乃至掌握了一定历史话语的权力。

这一时代特征从孔子作《春秋》时就已体现出来。《史记·孔子世家》描述道：“孔子之时，周室微而礼乐废，诗书缺。追迹三代之礼，序书传，上纪唐虞之际，下至秦缪，编次其事。”③《儒林列传》也说：“孔子闵王路废而邪道兴，于是论次诗书，修起礼乐。”④孔子并非史官，他得以作《春秋》来行使史官记录历史的权力，正是由于周王室史官制度之衰，私家学说和历史著述纷起，孔子不得已而作《春秋》以兴正学。

史官制度的衰微，与整个周王朝的政治、学术系统的崩溃是相联系的，即“官学”体系的衰弱。章学诚在《校雠通义·原道》中说，春秋以前，

① （宋）吴缜：《新唐书纠谬序》，曾枣庄：《中国古代文体学卷1 先秦至元代文体资料集成》，上海书店出版社2012年版，第408~409页。

② （清）章学诚：《文史通义》，上海古籍出版社2015年版，第68页。

③ 《史记》卷四十七，中华书局2013年版，第2332页。

④ 《史记》卷一百二十一，中华书局2013年版，第3759页。

“官守学业皆出于一，而天子以同文为治，故私门无著述文字”①。周王朝的“官守学业”，实际上是将政治与学术合二为一，在这种“政学一体”的背景下，文化权力掌握在少数贵族与社会上层知识阶层手中，在此时代，官、师身份重合，政治活动与学术活动是不分彼此的，因此，也无所谓“私学”或私人著述，一切著述行为都与周王朝的政治活动相关。史家著述的内容无非是记载与周天子相关的重大政治活动，如祭祀、朝会、畋猎等，这些内容都具有官方记载的性质。然而，东周以后，周王室的政治权威衰落，政学、官师一体的体系趋于崩溃，《论语》中描述说：“大师挚适齐，亚饭干适楚，三饭缭适蔡，四饭缺适秦。鼓方叔入于河，播鼗武入于汉，少师阳、击磬襄入于海。”(《论语·微子》)这虽然只是描述乐师的情况，但也可以管中窥豹，看到晚周官方知识阶层的状况，以及官学体系的崩溃。在这种时代背景下，从官方系统内流散的知识阶层不仅将文献、思想、知识带到民间，更重要的是，著述的权力也向个体开放，一切著述行为包括历史著述，都不再为官方所垄断。如果说，此前对知识的解释、对历史的阐释权力都被周王室的官师所掌握，那么，此后诸子各派都拥有了从特定的思维和知识立场出发进行历史和现实阐释的权力。

其次，“拥道立言”是诸子在百家争鸣时代凸显个性、脱颖而出的内在要求，诸子之学的主观性，使得其叙事为说理服务。强调学术独立性、突出学说的鲜明个性，是诸子之学，尤其是先秦诸子的特点。如于迎春所分析，“尽管诸子之‘道’各不相同，但以道自任，以‘道’为最高的精神凭藉和归宿来安身立命，相互间并无二致。这种明晰而庄重的自我意识，使得士阶层中的道义担荷者，在自觉设计、追求理想人格，在朝向饱食暖衣之上的人生境界的趋进中，不可能继续安于先前的存在环境。在洋溢着强烈的不守成、不随俗气息的战国思想家那里，他们既然超越了具体的知识和眼前的实际而考虑整个世界和文化的秩序，也就能够以较为独立的意志和

① (清)章学诚著，王重民通解：《校雠通义通解》，上海古籍出版社 1987 年版，第 1 页。

价值，来重新审视、评估他们在社会中的位置及其与人群、公众的关系……一定的智慧、道德觉悟水准，就成了他们自我和阶层体认的戳记，标志着他们与世界、群众的不同和对立”①。

学术独立和个性是周秦诸子的显著标志。章太炎认为，“所谓诸子学者，非专限于周、秦，后代诸家亦得列入，而必以周、秦为主”，“惟周秦诸子，推迹古初，承受师法，各为独立，无援引攀附之事。虽同在一家者，犹且矜己自贵，不相通融”②，周秦诸子作为诸子学的代表，其最大的特点就是学术独立，诸子各家都秉持其独特的思想学说观点，以成一家之言为目标，若与其他门类的学问相较，这一特征更加突出，“此可见古学之独立者，由其持论强盛，义证坚密，故不受外熏也”，与经学比较，子学的这一特点更加鲜明：“说经之学，所谓疏证，惟是考其典章制度与其事迹而已。其是非且勿论也。欲考索者，则不得不博览传记，而汉世太常诸生，唯守一家之说，不知今之经典，古之官书，其用在考迹异同，而不在寻求义理。故孔子删定六经，与太史公、班孟坚辈，初无高下。其书既为记事之书，其学惟为客观之学。……若诸子则不然。彼所学者，主观之学，要在寻求义理，不在考迹异同。既立一宗，则必自坚其说，一切载籍，可以供我之用，非束书不观也。虽异已者，亦必睹其文籍，知其义趣，惟往复辩论，不稍假借而已。是故言诸子，必以周秦为主。”③和汉代经学的谨守师承、考证典章制度不同，子学自先秦时代起就奠定了其“特立新说”的传统，可以说是“主观之学”。如章太炎说，诸子学是主观之学，是在有一家之见的基础上，假借一切可资利用的载记为我所用，与对手“往复辩论”，这样的学术特点，使得子书中的素材都是为其立说而服务的。傅修延指出：“任人役使意味着诸子讲述的故事本身不是第一位的，

---

① 于迎春：《汉代文人与文学观念的演进》，东方出版社 1997 年版，第 116 页。

② 章太炎著，朱维铮等编注：《章太炎选集》，上海人民出版社 1981 年版，第 354~355 页。

③ 刘梦溪主编，陈平原编校：《中国现代学术经典》章太炎卷，河北教育出版社 1996 年版，第 480 页。

它只是‘说’的有机组成部分，是召之即来挥之即去的服务手段。这种从属地位导致大部分诸子寓言缺乏独立存在的叙事主体，凌驾其上的‘说’严格制约着故事的讲述。”①

最后，“拥道立言”的叙事具有强烈的主观色彩，根据主题、观点的不同而可以任意驱使材料。我们可以刘向著作中对同一素材的处理为例说明这一点。“赵氏孤儿”是春秋时期著名的历史故事，经过《左传》的记载、传播，成为春秋时期的著名典故，先秦两汉间的文献多有记载。刘向编著的《新序》《说苑》中同时叙述了有关于“赵氏孤儿”的内容。

《新序·节士》云：

公孙杵臼、程婴者，晋大夫赵朔客也。晋赵穿弑灵公，赵盾时为贵大夫，亡不出境，还不讨贼，故《春秋》责之，以盾为弑君。屠岸贾者，幸于灵公。晋景公时，贾为司寇，欲讨灵公之贼，盾已死，欲诛盾之子赵朔，遍告诸将曰：“盾虽不知，犹为首贼；贼臣弑君，子孙在朝，何以惩罪。请诛之。”韩厥曰：“灵公遇贼，赵盾在外，吾先君以为无罪，故不诛。今请君将妄诛，妄诛，谓之乱臣；有大事，君不闻，是无君也。”屠岸贾不听，韩厥告赵朔，趣亡。赵朔不肯，曰：“子必不绝赵祀，予死不恨。”韩厥许诺，称疾不出。贾不请而擅与诸将攻赵氏于下宫，杀赵朔、赵同、赵括、赵婴齐，皆灭其族。赵朔妻，成公姊，有遗腹，走公宫匿。公孙杵臼谓程婴，胡不死。婴曰：“朔之妻有遗腹，若幸而男，吾奉之；即女也，吾徐死耳。”无何，而朔妻免生男。屠岸贾闻之，索于宫。朔妻置儿袴中，祝曰：“赵宗灭乎，若号；即不灭乎，若无声。”及索儿，竟无声，已脱。程婴谓杵臼曰：“今一索不得，后必且复之，奈何。”杵臼曰：“立孤与死，孰难?”婴曰：“立孤亦难耳。”杵臼曰：“赵氏先君遇子厚，子强为其难者；吾

① 傅修延：《先秦叙事研究——关于中国叙事传统的形成》，东方出版社1999年版，第263页。

为其易者，吾请先死。”而二人谋取他婴儿，负以文褓，匿山中。婴谓诸将曰：“婴不肖，不能立孤，谁能与吾千金，吾告赵氏孤处。”诸将皆喜，许之，发师随婴攻杵臼。杵臼曰：“小人哉程婴，下宫之难，不能死，与我谋匿赵氏孤儿，今又卖之；纵不能立孤儿，忍卖之乎。”抱儿呼曰：“天乎，赵氏孤儿何罪，请活之，独杀杵臼也。”诸将不许，遂并杀杵臼与儿。诸将以为赵氏孤儿已死，皆喜。然赵氏真孤儿乃在，程婴卒与俱匿山中。居十五年，晋景公病，卜之，大业之胄不遂者为祟。景公问韩厥，韩厥知赵孤存，乃曰：“大业之后，在晋绝祀者，其赵氏乎。夫自中衍皆嬴姓也，中衍人面鸟喙，降佐殷帝大戊，及周天子，皆有明德，下及幽、厉无道，而叔带去周适晋，事先君文侯，至于成公，世有立功，未尝绝祀。今及吾君独灭之，国人哀之，故见龟策，唯君图之。”景公问：“赵尚有后子孙乎?”韩厥具以实告，景公乃与韩厥谋立赵氏孤儿，召匿之宫中。诸将入问病，景公因韩厥之众以胁诸将，而见赵孤儿，孤儿名武。诸将不得已，乃曰：“昔下宫之难，屠岸贾为之，矫以君命，并命群臣，非然，孰敢作难。微君之病，群臣固将请立赵后，今君有命，群臣之愿也。”于是召赵武、程婴，遍拜诸将，遂俱与程婴、赵武攻屠岸贾，灭其族，复与赵武田邑如故。赵武冠，为成人，程婴乃辞诸大夫，谓赵武曰：“昔下宫之难，皆能死，我非不能死，思立赵后。今子既立为成人，赵宗复故，我将下报赵孟与公孙杵臼。”赵武号泣固请，曰：“武愿苦筋骨以报子，至死，而子忍弃我死乎。”程婴曰：“不可，彼以我为能成事，故皆先我死，今我不下报之，是以我事为不成也。”遂自杀。赵武服哀三年，为祭邑，春秋祠之，世世不绝。君子曰：“程婴、公孙杵臼，可谓信交厚士矣。婴之自杀下报，亦过矣。”①

---

① 石光瑛校释，陈新整理：《新序校释》中，中华书局 2001 年版，第 978~1000 页。

《说苑·复恩》叙述道：

晋赵盾举韩厥，晋君以为中军尉。赵盾死，子朔嗣为卿。至景公三年，赵朔为晋将，朔取成公姊为夫人。大夫屠岸贾欲诛赵氏。初，赵盾在时，梦见叔带持龟要而哭，甚悲，已而笑，拊手且歌。盾卜之，占兆绝而后好。赵史援占曰："此甚恶，非君之身，及君之子，然亦君之咎也。"至子赵朔，世益衰。屠岸贾者，始有宠于灵公，及至于晋景公，而贾为司寇，将作难，乃治灵公之贼以致赵盾，遍告诸将曰："赵穿弑灵公，盾虽不知，犹为首贼。臣杀君，子孙在朝，何以惩罪？请诛之。"韩厥曰："灵公遇贼，赵盾在外，吾先君以为无罪，故不诛。今诸君将诛其后，是非先君之意而后妄诛，妄诛谓之乱臣。有大事而君不闻，是无君也。"屠岸贾不听。厥告赵朔趋亡，赵朔不肯，曰："子必不绝赵祀，朔死且不恨。"韩厥许诺，称疾不出。贾不请而擅与诸将攻赵氏于下宫，杀赵朔、赵括、赵婴齐，皆灭其族。朔妻成公姊有遗腹，走公宫匿，后生男，乳，朔客程婴持亡匿山中。居十五年，晋景公疾，卜之曰："大业之后不遂者为祟。"景公疾问韩厥。韩厥知赵孤在，乃曰："大业之后在晋绝祀者，其赵氏乎？夫自中衍皆嬴姓也，中衍人面鸟喙，降佐殷帝大戊；及周天子，皆有明德。下及幽、厉无道，而叔带去周适晋，事先君文侯。至于成公，世有立功，未尝有绝祀。今及吾君独灭之赵宗，国人哀之，故见龟策，唯君图之。"景公问云："赵尚有后子孙乎？"韩厥具以实对。于是景公乃与韩厥谋立赵孤儿，召而匿之宫中。诸将入问疾，景公因韩厥之众，以胁诸将而见赵孤。孤名曰武。诸将不得已，乃曰："昔下宫之难，屠岸贾为之，矫以君令，并命群臣，非然，孰敢作难？微君之疾，群臣固且请立赵后，今君有令，群臣之愿也。"于是召赵武、程婴，遍拜诸将军。将军遂返与程婴、赵武攻屠岸贾，灭其族。复与赵武田邑如故。故人安可以无恩，夫有恩于此，故复于彼。非程婴则赵孤不全，非韩厥则赵后不复。韩厥可谓不忘恩矣。①

① 方勇主编，程翔评注：《说苑》，商务印书馆2018年版，第246~248页。

我们看到，在《新序》中，叙事的主题是“节士”，重点是通过公孙杵臼、程婴保护“赵氏孤儿”的故事阐释何为节义之士。因此，叙事重点在公孙杵臼与程婴保护赵武的过程，包括二人在危难之际商议定计、程婴伪装卖主求荣与杵臼就义、韩厥与晋景公谋立赵武，以及程婴遵诺自杀的情节。叙事的情节重心的确在于突出公孙杵臼和程婴两人的重“信”、“交厚”，仅仅因为对赵穿保存赵氏的承诺，二人不惜付出生命和忍辱负重的半生筹谋，可见其节士的品质，不过，《新序》认为程婴已经完成了复立赵氏、杀屠岸贾复仇的重任，最终选择“下报”而自杀则不必要。《说苑》中的主题是“复恩”，重点突出的是韩厥、程婴复立赵氏，中心人物变成了韩厥，重心在于叙述韩厥劝谏景公复立赵氏，对于赵氏孤儿是如何被救，并未作过多描述，只是一句话概述。这充分体现了子书叙事的特点，即对材料的处理是为了说理服务。

二、子书叙事观念影响下的文本特点分析

通过上述对比分析，我们主要想说明，子书叙事观念是“明道”“说理”“立言”，叙事行为首先受到强烈的思想、理论目的支配，并且，在叙事内容上也不避讳这种立场和态度，通过去取裁夺来达到说理的目的，因而，这种叙事带有鲜明的理论性、主观性色彩。

首先，从总体上看，子书叙事都是围绕着特定说理目的而展开的。《韩诗外传》初看起来叙事内容庞杂无章法，而细究起来，其实多围绕一定的主题，例如第一卷多数章节内容的大体归类，第 1、17 章讲的是孝道，第 2、3 章表的是妇道，第 5、16、26 章赞扬的是礼，第 8、21、28 章歌颂的是忠、信、廉、义，第 9、10、14、15、18、24 章讲的是君子、士人的修身与品格，第 4、5、19 章是对不仁、不义、缺乏修养的反面人物的抨击，其余各卷内容都与此相似。①

《淮南子》更继承了道家说理的方式，《要略》篇中谓《道应训》“揽掇遂

① 张岩：《韩诗外传与论语异同浅议》，《大连大学学报》2004 年第 5 期。

事之踪，追观往古之迹，察祸福利害之反，考验乎老、庄之术，而以合得失之势者也”①，而它的确是围绕一定的中心罗列故事，用从太清问道于无穷的寓言到白公问政于孔子、惠子为惠王立法、田骈以道术说齐王等约五十个故事，来阐述本篇主题。不只是《道应训》，其他诸篇也是如此，如《齐俗训》先点出主旨，认为“仁义立而道德迁矣，礼乐饰则纯朴散矣，是非形则百姓眩矣，珠玉尊则天下争矣”②，紧接着以“昔太公望、周公旦受封而相见”③，“子路撜溺而受牛谢”④等故事加以形象化地申述。

刘向的《说苑》《新序》更是如此。一方面，从刘向编撰的目的来看，他身为汉宗室，为劝谏汉成帝而大事编撰，因而采集、创作故事都是围绕着特定主题与目的；另一方面，从文本体例上看，《说苑》《新序》中“君道”“臣术”“建本”“立节”“贵德”“复恩”等标题赫然在目，这些题目显示出其叙事的目的性。

其次，为了说明子书叙事“任人役使”、主观裁夺的特点，我们可以具体例子加以分析。《说苑》卷十七第二十四章记载了一则关于孔子的故事：

> 孔子观于吕梁，悬水四十仞，环流九十里，鱼鳖不能过，鼋鼍不敢居。有一丈夫，方将涉之。孔子使人并崖而止之曰：“此悬水四十仞……意者难可济也！”丈夫不以错意，遂渡而出。孔子问：“子巧乎？且有道术乎？所以能入而出者何也？”丈夫对曰：“始吾入，先以忠、信；吾之出也，又从以忠、信。忠、信错吾躯于波流，而吾不敢用私。吾所以能入而复出也。”孔子谓弟子曰：“水而尚可以忠信，义久而身亲之，况于人乎？”⑤

① 陈广忠校点：《淮南子》，上海古籍出版社2016年版，第530页。
② 陈广忠校点：《淮南子》，上海古籍出版社2016年版，第530页。
③ 陈广忠校点：《淮南子》，上海古籍出版社2016年版，第255页。
④ 陈广忠校点：《淮南子》，上海古籍出版社2016年版，第257页。
⑤ 方勇主编，程翔评注：《说苑》，商务印书馆2018年版，第796页。

同样的故事见于《庄子·达生》篇：

颜渊问仲尼曰："吾尝济乎觞深之渊，津人操舟若神。吾问焉，曰：'操舟可学邪？'曰：'可。善游者数能。若乃夫没人，则未尝见舟而便操之也。'吾问焉而不吾告，敢问何谓也？"

仲尼曰："善游者数能，忘水也。若乃夫没人之未尝见舟而便操之也，彼视渊若陵，视舟之覆犹其车却也。覆却万方陈乎前而不得入其舍，恶往而不暇！以瓦注者巧，以钩注者惮，以黄金注者殙。其巧一也，而有所矜，则重外也。凡外重者内拙。"①

很明显，《说苑》此章是根据《庄子·达生》改写的，却在立意上与之形成了鲜明的对比。同样是叙述孔子论人善没的一段故事，都是写孔子探讨出神入化的没水技巧，《庄子》中是借颜渊转述与津人的对话，然后叙述孔子对此的观点，《说苑》中则让孔子与"没人"见面，进行直接对话，场面更鲜明、直观，人物、过程相仿，场景类似，叙事的主题也相似，只是从人物对话而最后得出截然不同的结论。《庄子》是为阐述自然之道，只有齐物、忘机，不矜已才、重外物，才能做到与自然亲密无间，而《说苑》中则将"忘水"替换成了"忠信"，点出了"水而尚可以忠信义久而身亲之，况于人"的主题，赋予"忠信"以崇高价值。同一故事材料，出于不同"道"的信念，导致了叙事者特定的叙事行为操作，呈现出不同的叙事形态，这充分反映了子书叙事的主观性特点。

还可举一例，《韩诗外传》卷三、《说苑·臣术》、《史记·魏世家》都叙述了魏文侯欲置相之事，在叙述重心上却存在差异。《韩诗外传》中叙述道：

魏文侯欲置相，召李克问曰："寡人欲置相，非翟黄则魏成子。

① 陈鼓应注译：《庄子今注今译》，中华书局1983年版，第473~474页。

愿卜之于先生。”李克避席而辞曰：“臣闻之：‘卑不谋尊，疏不间亲。’臣外居者也，不敢当命。”文侯曰：“先生临事勿让。”李克曰：“夫观士也，居则视其所亲，富则视其所与，达则视其所举，穷则视其所不为，贫则视其所不取。此五者足以观矣。”文侯曰：“请先生就舍，寡人之相定矣。”李克出遇翟黄，翟黄曰：“今日闻君召先生而卜相，果谁为之？”李克曰：“魏成子为之。”翟黄悖然作色曰：“吾何负于魏成子？西河之守，吾所进也。君以邺为忧，吾进西门豹。君欲伐中山，吾进乐羊。中山既拔，无守之者，吾进先生。君欲置太子傅，吾进赵苍唐。皆有成功就事。吾何负于魏成子？”克曰：“子之言克于子之君也，岂比周以求大官哉？君问置相非成则黄，二子如何？臣对曰：‘君不察故也。居则视其所亲，富则视其所与，达则视其所举，穷则视其所不为，贫则视其所不取。五者足以定矣，何待克哉！’是以知魏成子为相也。且子焉得与魏成子比乎？魏成子食禄千钟，什一在内，九在外，以聘约天下之士。是以东得卜子夏、田子方、段干木。此三人君皆师友之。子之所进皆臣之，子焉得与魏成子比乎？”翟黄逡巡再拜曰：“鄙人固陋，失对于夫子。”《诗》曰：“明昭有周，式序在位。”①

《韩诗外传》《史记·魏世家》叙事基本相同，都是写魏文侯欲立贤者为相，在魏成子与翟黄两人间犹豫不决，于是向李克请教。由于魏成子是魏文侯的弟弟，“疏不间亲”，李克没有给出明确答案，而是以“五事”标准间接提示魏文侯如何择贤，这“五事”，《韩诗外传》与《史记》记载是一致的。随后，李克遇到翟黄，当得知魏成子将为相时，李克遭到翟黄的质问，理由是他认为自己于魏国的功劳并不比魏成子小，并且历数了所进人才，李克对此作了解释，认为魏成子更善于得士，且所进之才是国君的师友，而翟黄举荐的不过是臣子之才，这样才使得翟黄信服。与《韩诗外传》的结尾

① 许维遹校释：《韩诗外传集释》，中华书局1980年版，第86~88页。

稍不同，《史记》写到“翟璜逡巡再拜曰：‘璜，鄙人也，失对，愿卒为弟子’”①，可见其心服口服。

下面我们再看《说苑》中是如何叙述的：

> 田子方渡西河，造翟黄。翟黄乘轩车，载华盖；黄金之勒，约镇簟席，如此者其驷八十乘。子方望之，以为人君也，道狭，下，抵车而待之。翟黄至而睹其子方也，下车而趋，自投下风，曰：“触。”田子方曰：“子与！吾向者望子，疑以为人君也，子至而人臣也。将何以至此乎?”翟黄对曰：“此皆君之所以赐臣也，积二十岁，故至于此。时以闲暇，祖之旷野，正逢先生。”子方曰：“何子赐车舆之厚也?”翟黄对曰：“昔者西河无守，臣进吴起，而西河之外宁；邺无令，臣进西门豹，而魏无赵患；酸枣无令，臣进北门可，而魏无齐忧；魏欲攻中山，臣进乐羊，而中山拔；魏无使治之臣，臣进李克，而魏国大治。是以进此五大夫者，爵禄倍，以故至于此。”子方曰：“可。子勉之矣，魏国之相不去子而之他矣。”翟黄对曰：“君母弟有公孙季成者，进子夏，而君师之；进段干木，而君友之；进先生，而君敬之。彼其所进，师也、友也、所敬者也。臣之所进者，皆守职守禄之臣也，何以至魏国相乎?”子方曰：“吾闻身贤者贤也，能进贤者亦贤也。子之五举者尽贤，子勉之矣，子终其次也。”②

《说苑》中将主人公换成了田子方和翟黄，与前两篇不同的是，在叙事开头以田子方的视角大大夸赞了翟黄的隆盛威仪，这也为下文埋下伏笔。接着，翟黄回答了田子方关于为何有如此丰厚赏赐的问题，与《韩诗外传》《史记》中类似，历数了他为魏国推荐的人才，然后自然将话题转到“为相”上，田子方认为翟黄一定可以成为魏国之相，这次换成翟黄自己说出了他

① 《史记》卷四十四，中华书局2013年版，第2213页。

② 方勇主编，程翔评注：《说苑》，商务印书馆2018年版，第74~75页。

与魏成子的差距——所进是师友之才与守职禄之臣的区别，但是作者由田子方之口点出了此篇的主题，认为“身贤者贤也，能进贤者亦贤也”，显然，针对《韩诗外传》和《史记》中的观点作了一个翻案文章。这与刘向的创作思想有关，《说苑·臣术》是讲“人臣之术”的，由于其所处时代已经是西汉中后期，政治环境较为稳定，他所主张的贤人臣子应该“顺从而复命，无所敢专，义不苟合，位不苟尊”①，他认为的贤臣“六正”中，既有见微知著、进贤立功的，也有守文奉法、夙兴夜寐的，两者同样重要，这就自然使他在择相问题上得出与《韩诗外传》《史记》不同的结论，因此反其道而行之，在这种观念的支配下，其叙事也就呈现出不同面貌。

第二节　速率与重组：子书叙事速率与节奏

一、集合与聚合

与先秦、汉初史学主流的编年体、纪传体史书叙史相较，子书在叙事方式上也呈现出独特的形式。如果说史书叙事呈现出“集合”的状态，那么，子书叙事则是“聚合”的状态。前者基本按照时间顺序组织材料、叙述内容，后者则将遵循逻辑原则，按照主题“聚合”故事。

时间因素是历史叙事的关键因素。后现代叙事学家海登·怀特认为，任何历史著述都应该有编年史和故事、情节编排模式、论证模式、意识形态含义五个要素。② 他所说的编年史和故事不是传统意义上的文类或体裁，而是历史叙事的原始要素，也是历史修撰的最初步骤。一部编年史看起来是一个纯粹罗列事件的名单，它是没有高潮低谷的，但却不是混乱无序的。事件发展顺序的编排是经过史家精心安排的结果。这样，经过选择和编排的过程，事件变成了“景观”或“发生过程”，就具有了一定的叙述动

---

① 方勇主编，程翔评注：《说苑》，商务印书馆 2018 年版，第 62 页。

② 参见海登·怀特著，董立河译：《形式的内容：叙事话语与历史再现》，文津出版社 2005 年版。

机，编年史中的“时间”就具有了意义。编年史的事件是在时间中的事件，历史学家再据此进行选择、排除、强调等，将其变成特定类型的故事，从而建构成了历史叙事。从某种程度上来讲，正是这种叙事性编排解释了历史中事件的意义、连贯性和历史性本身。此外，每一部历史都必将以某种方式进行编排，这种情节的编排模式，总能反映不同的史学家的伦理。①

无论是传统还是现代史学叙事，时间是史学叙事关心的核心问题。中国早期史学叙事也不例外。自先秦至汉初，史书叙事发展的大致线索是从编年体向纪传体发展。先秦时期，《春秋》已经具备了编年史和故事这些原始成分，不过尚没有对事件进行细致的讲述，不具有严密的论证编排模式。至《左传》，以时间为经，以人与事为纬，事件发生的内在逻辑与人物的行动、心理逻辑有了关联，叙事内容更为丰满。编年体的好处在于，可以清晰展示以时间为坐标的历史事件发展进程，其缺憾在于，人物的行事被分割，散见于编年的内容碎片之中，读者难以获得完整印象。至西汉，司马迁在吸收先秦编年体叙事经验的基础上，开创了新的纪传体史书写法，纪传体较好地解决了编年体的上述问题。梁启超认为，《史记》的突破之一就在于以人为中心，“最异于前史者一事，曰以人物为本位”②。不过，我们应看到，即使《史记》打破了完全的编年写法，但其体例仍继承了先秦以来的重视编年的特点，“本纪是国家社稷编年史，世家是诸侯与圣人的编年史，列传是帝王、诸侯之外社会精英的编年史，表示重要地区、家族和政府的事件的罗列，而书则是天、地及人间制度文明的记录。书中主体确实是人，但着眼点有很大的不同”③。从叙事方面来看，我们可以说，《史记》并没有完全放弃编年体所建立起的历史著作传统——对线性时间秩序的关注。

① 转引自刘云春：《历史叙事传统语境下的中国古典小说审美研究》，中国社会科学出版社2010年版，第35~36页。

② 梁启超：《中国历史研究法》，华东师范大学出版社1995年版，第20页。

③ 刘云春：《历史叙事传统语境下的中国古典小说审美研究》，中国社会科学出版社2010年版，第44页。

“集合”是横向的展开，是按照线性方式对叙述材料进行安排，因而，线性秩序对于历史叙事有至关重要的意义。《春秋》开创的历史叙事传统，不仅仅是“一字寓褒贬”，同样重要的是“以时蕴深意”，哪些年份、月份被突出标示，那一定是发生了不同寻常的事件，《左传》中叙事的先后次序，同样包含了叙事者的良苦用心。《史记》同样继承了重视线性时间的传统，在历史时间中蕴含了对历史事件意义的特殊安排。

《史记》中的“本纪”“世家”“列传”都体现了对线性时间秩序的重视。“本纪”尤其能够体现出历史叙事中时间的意义，由于传主通常是在历史发展进程中具有重大政治影响的帝王，故而，对其经历的叙述严格按照时间顺序进行，尤其要明确具有重大历史影响的时间节点。《史通·本纪》中指出，“盖纪之为体，犹《春秋》之经，系日月以成岁时，书君上以显国统”，这就是强调“本纪”不但在传主的选择上寄予了昭示正统的意义，同时也要通过系日月以显示历史进程。《史通》特别指出了《晋书》在这一点上的失误：“陆机《晋书》，列纪三祖，直序其事，竟不编年。年既不编，何纪之有？”①也就是说，如果失去了编年，就失去了本纪的意义。并且，纪年在于通过年月标示出具有重大历史意义的事件，而非事无巨细地详细记载，“又纪者，既以编年为主，唯叙天子一人。有大事可书者，则见之于年月，其书事委曲，付之列传。此其义也。如近代述者魏著作、李安平之徒，其撰《魏》、《齐》二史，于诸帝篇，或杂载臣下，或兼言他事，巨细毕书，洪纤备录。全为传体，有异纪文，迷而不悟，无乃太甚。世之读者，幸为详焉”②。我们在《史记》本纪中可以清楚看到时间的标志意义，如《高祖本纪》中，“二月，令除秦社稷，更立汉社稷”，“三月，汉王从临晋渡，魏王豹将兵从”。“二月”“三月”等时间词汇，事实上是重大历史进程的提示。“世家”本是记载王侯传国，因此也以编年为体。“列传”中的时序，则往往标志传主人生经历中的重要事件或历史命运的重要转折点。总之，史书叙

① （唐）刘知幾：《史通》，上海古籍出版社2008年版，第29页。

② （唐）刘知幾：《史通》，上海古籍出版社2008年版，第29页。

事是按照时间顺序对内容的“集合”。

子书中的叙事则呈现出“聚合”的状态。所谓“聚合”，即强调叙事内容的内在逻辑，往往并不追求完整叙述某人生平或某事的过程，而是以人物身上显示的某一特质或事件某一情节体现的道理为选择标准，将能够说明同一道理的故事“聚拢”起来。相较于史书叙事对线性时间、事件因果的重视，子书叙事更注重内容逻辑的统一。

“聚合”性叙事在先秦诸子著作中就已存在。需要指出的是，诸子著作文本形态的形成较为复杂，大致而言，诸子之作流传至后世的定本，经过了西汉时刘向的整理、编校。一般认为，诸子在先秦时以“别本单行”的形式流传，“随作数篇，即以行世”(余嘉锡《古书通例》)，秦汉整理诸子旧籍，往往将诸子及其后学著作整理编集。如西汉刘向校书中秘就是这样，将诸家著作校定编为全书，并题为诸子之名。因此，诸子之书的原始篇目和形态难以确定。不过，从其今天所见的面貌，我们可以窥见先秦、秦汉间诸子学的大致学术风貌。从叙事的角度来看，在诸子著作中，叙事从较为分散到有意识地形成规模。《孟子》中的故事叙述还是分散在不同的论辩主题中，也一般只会用一个故事来借以说明一个论辩主题，而在《庄子》《韩非子》中，已经开始了集腋成裘的尝试，有意识地将多个寓言故事聚拢，以发挥“故事群”的集团性力量。例如，《庄子》“外篇”中多采取叙述多个故事，最后点明主旨的方式来表达主题。《徐无鬼》中连续叙述了“徐无鬼见魏武侯”“黄帝将见大隗”两则故事，用以说明“不物于易者”，不“驰其形性”的道理。紧接着，又用“匠人运斤成风”“管仲鲍叔牙”“吴王猎狙”“南伯子綦”和“仲尼之楚”等故事说明“不道之道”“不言之辩”的道理。庄子在阐述他的思想时，不是讲述一个故事，而是讲述一系列的故事，“这一系列故事珍珠被同一根思想之索串在一起，形成了一种连体式的结构”①，这种将故事连缀成群的意图特别明显，开头论述，结尾总结，中间

① 傅修延：《先秦叙事研究：关于中国叙事传统的形成》，东方出版社 1999 年版，第 267 页。

几段文字连缀数个故事，从不同侧面说明论点，这种章法结构对子书叙事影响深远。这种“聚合”的方式，重视叙事内在主题的趋同，因而能够将不同的故事，根据叙述意图进行重新组合编排。《韩非子》中的《说林》《储说》，便是将主旨相近的历史故事编排在一起。可见，诸子叙事已奠定了这种“聚合”叙事的传统。

“聚合”重视的是叙事内容在体现主题上的内在逻辑的一致性，而不在于记录历史人物的生平行迹。我们可以一部特殊的叙事作品《晏子春秋》为对象加以说明。《晏子春秋》的特殊之处就在于，由名称看，“晏子”是子部著作的标志，而“春秋”则显然是史书之名，从名称上看是“一书而兼二体”。事实上，《汉书·艺文志》将其列于“子部儒家类”，而《四库全书》则将其置于历史传记类。对其性质的辨别当然可以有多种角度，例如题材的选择、虚构性等，而由上述子书叙事“聚合”方式，我们可以看到，它在形态上更接近子书叙事。今传《晏子春秋》有八卷本和七卷本两种，就八卷本来看，共二百一十五章，分内、外篇。《内篇·谏》上下二卷，主要是记录晏子进谏君王轻赋服役、去骄奢、薄刑罚等，《内篇·问》上下二卷，上卷多为晏子回答君主关于治国理政的各类问题，下卷主要是晏子回答君主之外的其他各类人物的问题，包括对君臣关系的看法、对富贵权力的看法及其他辩论话题等。《内篇·杂》上下二卷，则记录晏子的行事、活动等。《外篇》上下二卷主要记载不合儒家思想的内容。① 可以看到，《晏子春秋》的重点并不在记载晏子的生平事迹，而更重视晏子有益于治国理政的言论和轶事，按照思想内容进行分类，尤其是将合于儒家政治伦理的内容编入内篇，不合儒家义理且有重复的编入外篇，这与先秦诸子著作的分类逻辑是一致的。若将《晏子春秋》与《史记·管晏列传》为代表的史传叙事相比较，“前者对中心人物的叙述按意义逻辑进行，后者则大体依传主从生到死的时间顺序叙写”②，从中可以窥见子书叙事的特点。《晏子春秋》为刘

① 石磊译注：《晏子春秋译注》前言，黑龙江人民出版社 2003 年版，第 2 页。

② 徐君辉：《战国诸子叙事与中国古代史传文的成熟》，《贵州社会科学》2010 年第 12 期。

向所编定，事实上也反映出西汉时代的学术观念。

刘向编著《新序》《说苑》也是按照内在主题进行编排叙述。《新序》中前五篇为“杂事”，后诸篇均有主题，分别为“刺奢”“节士”“义勇”“善谋”，每篇根据主题选取了十余则历史故事，它们发生的年代、地域各不相同，而其共同特征是其内容能够很好地阐释主题。例如，《义勇》篇中，叙述了陈恒弑君时石他人、子渊不屈，宋仇牧趋君之难，崔杼弑庄公晏子不屈，楚白宫公之乱时屈庐、王子闾不从等故事，这些历史故事的内在核心都是体现了真正的义勇是坚守大义、不畏强暴。至《说苑》时，每卷都有了明确的标题，并且，全书在各卷次第上有相对清晰的义理单元划分，其情况如下表①：

1. 君臣之道	卷一 君道 卷二 臣术
2. 君子立身之本	卷三 建本 卷四 立节
3. 以德相感	卷五 贵德 卷六 复恩
4. 论政尊贤	卷七 政理 卷八 尊贤
5. 进谏敬慎，存身全国	卷九 正谏 卷十 敬慎
6. 知言善说	卷十一 善说 卷十二 奉使
7. 权谋公正，兵道武备	卷十三 权谋 卷十四 至公 卷十五 指武

① 本表根据《刘向评传》制作，参见徐兴无：《刘向评传》，南京大学出版社2005年版，第411页。

续表

8. 汇纂嘉言	卷十六 谈丛 卷十七 杂言
9. 辨物达性，文质相宜	卷十八 辨物 卷十九 修文 卷二十 反质

从上表可以看到，《说苑》体现出较强的思想内在逻辑，表现出“以类相从”的叙事特征，至少有两个层面：第一个层面，即大的义理单元，共有九项，其核心是围绕儒家政治理想中的“君”“臣”展开，“明君”“贤臣”是其主要关注点，第一项是总纲，本着“尊君”的原则，先述“君道”，次为“臣术”。此后则围绕具体如何实践君道和做忠贤之臣的各个具体方面展开详细论述，首先是二者之本，其次围绕德行、尊贤、谏言、权谋、武备等各方面论述了符合儒家政治伦理的君臣。总体来看，逻辑层次十分清晰。第二个层面，是卷、章之间的关系，即主题与叙事内容的关系，每章叙事内容都是围绕本卷主题并列安排若干故事，如《君道》中列出了晋平公问师旷、尹文对齐宣王、成王封伯禽等历史故事，通过其行事和言语，向读者展示了君道的内容和关键。值得注意的是，这些叙事内容的价值，就在于通过历史人物身处的情境及其对话，昭示发人深省的修身治国之道。自战国秦汉以来的王侯、皇帝处于时代重大变革之际，他们所需要的往往并不是官方史册所载的浩繁历史，而是总结归纳出的历史人物的成败得失，以及具有实际性和可操作性的处世、治国经验，这就是子部叙事的意义所在。

概言之，如果说历史叙事重视横向的线性时间秩序，那么，子书叙事注重纵深的逻辑关联，从宏观上看，子书叙事将不同时代、地域的人和事按照主题分门别类，穷搜集之功，为后人保存了包罗万象的丰富故事库；从微观看，由于重视内在逻辑，为了服务特定叙事目的，它可以更为自由地变化叙事速率。

二、子书的叙事速率

叙事速率是我们观察叙事方式的要素之一。杨义在《中国叙事学》中曾分析了文本内部、外部两种叙事的时间因素。就文本内部而言，存在叙事“时间速度”的问题，即叙事情节的疏密。叙事的时间速度与情节疏密成反比，叙事速度越快，情节越疏，反之亦然。就文本外部而言，则是叙事时间与历史时间的关系，历史时间是客观的，然而在叙事内容中，则由于叙述者的介入，历史时间则可以被人为地拉快或放慢，这时的叙事“时间速度”，是历史时间长度与叙事文本长度相比较而成立的，历史时间越长，而文本长度越短，那么叙事时间速度就越快，反之亦然。① 这提醒我们，在观察叙事时，叙事时间和速率问题，往往是反映叙事特征的一个重要标志。

史传叙事的速率一般而言较为稳定。即是说，在叙述特定内容、对象时，由于史书基本按照事件发生的自然顺序来叙事，所以事件发生的自然时间和叙事时间不会相差太远。傅修延认为，在先秦时期，《左传》就已做到了“文本与故事的基本对称”，得益于编年体框架以及对细节叙述能力的增强，“关键是记事这只翅膀强健起来未拖后腿，而记事的成长发育又必然意味着文字总量的增加，从而实现故事内容与文本篇幅的基本均衡”②。这也深刻影响到其后历史著作的叙事行为。

在《史记》中，本纪、世家叙事基本按照年份推移来进行，《周本纪》中叙述周武王即位伐纣的内容，“九年，武王上祭于毕……居二年，闻纣昏乱暴虐滋甚……二月甲子昧爽，武王朝至于商郊牧野……其明日，除道……武王已克殷，后二年……”③；《吴太伯世家》记吴王阖闾兴兵伐楚，“三年，吴王阖庐与子胥、伯嚭将兵伐楚……四年，伐楚，取六与灊。五

① 杨义：《中国叙事学》，人民出版社 1997 年版，第 141 页。

② 傅修延：《先秦叙事研究：关于中国叙事传统的形成》，东方出版社 1999 年版，第 198 页。

③ 《史记》卷四，中华书局 2013 年版，第 156～168 页。

年，伐越，败之。六年，楚使子常囊瓦伐吴……九年，吴王阖庐请伍子胥、孙武曰……十一年，吴王使太子夫差伐楚，取番”①。通过这些时间指示，我们可以清楚地看到，其叙事时间大体上保持与故事时间相近，叙事速率比较稳定。列传则往往将笔墨集中于传主的重要经历和重大事件，对叙事时间、节奏的调节较多，不过叙事速率相对比较稳定，一般遵循传主的生平线索，对其有完整的交代，只是其中有轻重详略的不同。《史记》的“好奇”，就在于花费较多笔墨、选取富于戏剧冲突的情节去集中表现人物性格，不过这样的做法在正统史学观念中并不受赞扬。就叙事规范而言，相较于《史记》，《汉书》在题材选取及叙事时间的控制上更受肯定，成为后世史传叙事效仿的典范，而《汉书》中列传则更倾向于按照传主担任官阶的变迁、职务的不同而划分情节，其跨度不像《史记》列传中那样大，节奏也不如后者鲜明，更接近于对人物生平的编年史，但是，它更显示出史传叙事对稳定叙事速率的偏好。

与此相较，子书的叙事速率则可以大幅提高或降低。我们在子书中经常可以看到这样的情况，作者以高度概括的浓缩性叙事寥寥十数字叙述某个人的一生，某个朝代的兴衰变迁，又或者，以全篇百余文字来叙述某个短暂的场景。

下面，我们以具体文本的对比加以分析。以下两段都是关于赵襄子灭智氏的叙事：

> 赵简子以襄子为后，董阏于曰：“无恤贱，今以为后，何也?”简子曰：“是为人也，能为社稷忍羞。”异日，知伯与襄子饮，而批襄子之首。大夫请杀之，襄子曰：“先君之立我也，曰‘能为社稷忍羞’，岂曰能刺人哉！”处十月，知伯围襄子于晋阳，襄子疏队而击之，大败知伯，破其首以为饮器。故《老子》曰：“知其雄，守其雌，其为天下

① 《史记》卷三十一，中华书局2013年版，第1762~1764页。

溪。”(《淮南子》)①

异日，姑布子卿见简子，简子遍召诸子相之。子卿曰：“无为将军者。”简子曰：“赵氏其灭乎?”子卿曰：“吾尝见一子于路，殆君之子也。”简子召子毋恤。毋恤至，则子卿起曰：“此真将军矣!”简子曰：“此其母贱，翟婢也，奚道贵哉?”子卿曰：“天所授，虽贱必贵。”自是之后，简子尽召诸子与语，毋恤最贤。……简子于是知毋恤果贤，乃废太子伯鲁，而以毋恤为太子。

后二年，晋定公之十四年，范、中行作乱。

……

晋出公十一年，知伯伐郑。赵简子疾，使太子毋恤将而围郑。知伯醉，以酒灌击毋恤。毋恤群臣请死之。毋恤曰：“君所以置毋恤，为能忍诟。”然亦愠知伯。知伯归，因谓简子，使废毋恤，简子不听。毋恤由此怨知伯。

……

襄子立四年，知伯与赵、韩、魏尽分其范、中行故地。晋出公怒，告齐、鲁，欲以伐四卿。四卿恐，遂共攻出公。……知伯益骄。请地韩、魏，韩、魏与之。请地赵，赵不与，以其围郑之辱。知伯怒，遂率韩、魏攻赵。赵襄子惧，乃奔保晋阳。

……

三国攻晋阳，岁余，引汾水灌其城，城不浸者三版。城中悬釜而炊，易子而食。群臣皆有外心，礼益慢，唯高共不敢失礼。襄子惧，乃夜使相张孟同私于韩、魏。韩、魏与合谋，以三月丙戌，三国反灭知氏，共分其地。(《史记·赵世家》)②

从叙事速率上看，《淮南子·道应训》的速率较《史记·赵世家》显然大

① 陈广忠校点：《淮南子》，上海古籍出版社2016年版，第280~281页。

② 《史记》卷四十三，中华书局2013年版，第2145~2152页。

大加快，仅仅用百余字概括了赵襄子这一耗时数年的大事业，后者则用了数倍的篇幅来叙述。当然，篇幅长短不是判断叙事速率的全部依据，我们还应以故事时间与叙事时间的比较来分析。《史记·赵世家》是将这一事件放在当时社会政治大背景中加以叙述的，所以其着眼点不仅限于赵襄子本身，而是将与之相关的诸国、诸方情况联系起来综合考量，因此，其叙述与事件发生的自然时序保持相对一致。

《淮南子》主要集中在三个情节要素上，即赵简子因为能忍耐选择赵襄子为继承人、赵襄子与智伯饮酒遭辱而隐忍不发、襄子与智伯决战获胜，这三件事发生的自然时间，即“故事时间”明显是要长于文本的“叙述时间”的。《淮南子》在叙事时尽力缩短叙述时间，使这三件事在叙述过程中的距离缩短、联系加强，使得它们看起来存在前后关联以及内在的因果关系，赵襄子成为赵氏继承人，并最终战胜智伯的主要因素就是其忍耐的品质，“故老子曰：‘知其雄，守其雌，其为天下溪’”①，说明这个道理，是支配叙事的宗旨。由此我们看到，《淮南子》对叙事速率的调整，实现了加强叙事内容之间内在逻辑联系，从而突出主题的效果。

第三节　踵事增华：西汉子书叙事细节

如上所述，子书叙事在叙事观念、叙事方式上自有其独特之处，那么，具体而言，西汉子书叙事又体现了怎样的时代进步呢？

西汉子书叙事多取材前代，以西汉初收入了诸多先秦故事的《韩诗外传》为例，其材料来源比较广泛，《韩诗外传》卷一第九章写原宪与子贡的故事，材料取自《庄子·让王》；卷一第十九章写公甫文伯之母，取自《礼记·檀弓》，卷二第一章写宋华元与楚子反，取自《公羊传》；卷二第十三章写晏子持节不苟，取自《晏子春秋》；卷二第十四章，石奢的故事，取自《吕氏春秋》；卷十第十二章秦穆公饮盗马者以酒，取自《吕氏春秋·爱

① 陈广忠校点：《淮南子》，上海古籍出版社 2016 年版，第 281 页。

士》。大多依托古人古事，并综合材料，时有发挥、增势。“这类材料在书中虽占较大比重，但却难以指实。所记述古人的言行事迹，不一定符合历史事实，作者往往根据解经的需要，对原始材料做一些删节、缀合、增饰的工作，以使故事的含义与诗的意义相符合。”①这种根据需要对文本的删节、缀合、增饰不只是《韩诗外传》的特点，西汉子书叙事也可作如是观。正是这些工作体现出西汉子书叙事在细节上的增强，叙事能力上的提高。

我们以具体文本来看：

原宪居鲁，环堵之室，茨以蒿莱，蓬户瓮牖，揉桑而为枢，上漏下湿，匡坐而弦歌。子贡乘肥马，衣轻裘，中绀而表素，轩车不容巷而往见之。原宪楮冠黎杖而应门，正冠则缨绝，振襟则肘见，纳履则踵决。子贡曰：“嘻！先生何病也？”原宪仰而应之曰：“宪闻之，无财之谓贫，学而不能行之谓病。宪贫也，非病也。若夫希世而行，比周而友，学以为人，教以为己，仁义之匿，车马之饰，衣裘之丽，宪不忍为之也。”子贡逡巡，面有惭色，不辞而去。原宪乃徐步曳杖歌《商颂》而反，声满于天地，如出金石。天子不得而臣也，诸侯不得而友也。故养身者忘家，养志者忘身。身且不爱，孰能忝之？《诗》曰：“我心匪石，不可转也。我心匪席，不可卷也。”②

《韩诗外传》此篇实际上是融合了《庄子·让王》中的两个叙事片断：

（一）原宪居鲁，环堵之室，茨以生草；蓬户不完，桑以为枢；而瓮牖二室，褐以为塞；上漏下湿，匡坐而弦歌。

子贡乘大马，中绀而表素，轩车不容巷，往见原宪。原宪华冠縰履，杖藜而应门。

① 王琳、邢培顺：《西汉文章论稿》，齐鲁书社 2006 年版，第 103 页。
② 许维遹校释：《韩诗外传集释》，中华书局 1980 年版，第 11~12 页。

子贡曰："嘻！先生何病？"

原宪应之曰："宪闻之，无财谓之贫，学道而不能行谓之病。今宪，贫也，非病也。"

子贡逡巡而有愧色。

原宪笑曰："夫希世而行，比周而友，学以为人，教以为己，仁义之慝，舆马之饰，宪不忍为也。"①

（二）曾子居卫，缊袍无表，颜色肿哙，手足胼胝。三日不举火，十年不制衣，正冠而缨绝，捉衿而肘见，纳履而踵决。曳縰而歌《商颂》，声满天地，若出金石。天子不得臣，诸侯不得友。故养志者忘形，养形者忘利，致道者忘心矣。②

《韩诗外传》中此篇以《庄子·让王》中"原宪居鲁"一篇为主，叙述内容基本相同，不同之处在于，首先，在"原宪藜杖而应门"后面，融合了"曾子居卫"一篇中描写曾子贫穷困顿的细节"正冠而缨绝，捉衿而肘见，纳履而踵决"，这本是描述极端贫穷的细节，应用于原宪处也十分自然，更加强了渲染其生活贫苦的效果。其次，将原宪反驳子贡的话与申述己意的话整合在一起，在"子贡面有愧色，不辞而去"之后融入了"曾子居卫"篇中曳縰而歌的细节，"声满天地，若出金石"，表现出原宪从容不羁的风度。《韩诗外传》此篇对文本整合以注重增强细节的表现功能是非常成功的。

《新序·节士》"卫宣公之子"篇中糅合了《左传》《诗经》中的材料，并采取虚拟、改动的手段进行综合处理，有机地融入叙事中：

卫宣公之子，伋也、寿也、朔也，伋，前母子也，寿与朔，后母子也。寿之母与朔谋，欲杀太子伋而立寿也，使人与伋乘舟于河中，

① 陈鼓应注译：《庄子今注今译》，中华书局1983年版，第757~758页。

② 陈鼓应注译：《庄子今注今译》，中华书局1983年版，第760页。

将沈而杀之。寿知不能止也，因与之同舟，舟人不得杀。伋方乘舟时，伋傅母恐其死也，闵而作诗，《二子乘舟》之诗是也。其诗曰："二子乘舟，泛泛其景，愿言思子，中心养养。"于是寿闵其兄之且见害，作忧思之诗，《黍离》之诗是也。其诗曰："行迈靡靡，中心摇摇。知我者谓我心忧，不知我者谓我何求。悠悠苍天，此何人哉。"又使伋之齐，将使盗见载旌，要用杀之。寿止伋，伋曰："弃父之命，非子道也，不可。"寿又与之偕行，寿之母知不能止也，因戒之曰："寿无为前也。"寿又为前，窃伋旌以先行，几及齐，盗见而杀之。伋至，见寿之死，痛其代己死，涕泣悲哀，遂载其尸还，至境而自杀，兄弟俱死。君子义此二人，而伤宣公之听谗也。①

《左传·桓公十六年》记曰：

初，卫宣公烝于夷姜，生急子，属诸右公子。为之娶于齐，而美，公取之。生寿及朔。属寿于左公子。夷姜缢。宣姜与公子朔构急子。公使诸齐，使盗待诸莘，将杀之。寿子告之，使行。不可，曰："弃父之命，恶用子矣？有无父之国则可也。"及行，饮以酒。寿子载其旌以先，盗杀之。急子至，曰："我之求也，此何罪？请杀我乎！"又杀之。二公子故怨惠公。十一月，左公子泄、右公子职立公子黔牟。惠公奔齐。②

有学者指出，"《新序》此章写的就是这一真实的历史事件，却作了如下虚拟与改动。其一，作者据对《诗经·邶风·二子乘舟》的一种理解，杜撰出借乘舟之机陷害太子伋的情节和伋之傅母作诗之说，实则并无其事。《毛诗》序是篇云：'《二子乘舟》，思伋、寿也。卫宣公之二子，争相为

① 石光瑛校释，陈新整理：《新序校释》中，中华书局2001年版，第874~882页。

② 杨伯峻译注：《春秋左传注》，中华书局1990年版，第145~147页。

死，国人殇而思之，作是诗也。’借乘舟害伋和傅母作诗应是其时尚颇兴盛的今文诗派之说，或即刘向所习鲁诗之见，而据《诗》说杜撰亦属虚拟。其二，将《诗经·王风·黍离》作为‘寿闵其兄’之作，并引其中一段充实其内容。不管这是否也为当时某派《诗》说的一种理解，亦属牵强附会的造作，为史实增添了虚构成分。其三，将伋为盗所杀的结局改为自杀，以强化人物的死义形象，更是有意化实为虚。这些虚拟与改写将真实的历史事件衍为半真半假、虚实相间的小说。其中有关两首诗的内容非一般百姓所能造作，应是了解《诗》之解读的儒者所为，所以不是传说，而是有意加入虚构成分的小说”①。对于是否可以据此认定其为小说尚需进一步考察，然而这段分析确实提示我们，西汉子书在仿作、改作的过程中体现出的叙事特征：其一，已经在某种程度上出现构造虚拟的情节、人物，为故事内容的丰富和逻辑圆满服务。虽然大多数情况是将来源于不同文献材料中的片段进行拼接、糅合，不乏异闻传说，但的确体现出叙事者根据特定的意图和主题驱使不同材料，并不乏为达到强化叙事效果的目的而采取虚构手段的方法。其二，已经出现有意识地关注人物行为动机、心理、情感，不再仅将叙事中心放在“事”本身而加强了对“人”在特定情境中的心理和情感状态的关注。

此外，西汉子书在叙事时，往往根据其欲突出的主题来处理细节，强化叙事效果，我们可考察下面一例：

> 其后扁鹊过虢。虢太子死，扁鹊至虢宫门下，问中庶子喜方者曰：“太子何病，国中治穰过于众事？”中庶子曰：“太子病血气不时，交错而不得泄，暴发于外，则为中害。精神不能止邪气，邪气畜积而不得泄，是以阳缓而阴急，故暴蹶而死。”扁鹊曰：“其死何如时？”曰：“鸡鸣至今。”曰：“收乎？”曰：“未也，其死未能半日也。”“言臣齐勃海秦越人也，家在于郑，未尝得望精光，侍谒于前也。闻太子不幸而

① 马振方：《〈新序〉〈说苑〉之小说考辨》，《文艺研究》2008年第4期。

死，臣能生之。”中庶子曰：“先生得无诞之乎？何以言太子可生也！臣闻上古之时，医有俞跗，治病不以汤液醴洒、镵石挢引、案扤毒熨，一拨见病之应，因五藏之输，乃割皮解肌，诀脉结筋，搦髓脑，揲荒爪幕，湔浣肠胃，漱涤五藏，练精易形。先生之方能若是，则太子可生也；不能若是而欲生之，曾不可以告咳婴之儿。”终日，扁鹊仰天叹曰：“夫子之为方也，若以管窥天，以郄视文。越人之为方也，不待切脉、望色、听声、写形，言病之所在。闻病之阳，论得其阴；闻病之阴，论得其阳。病应见于大表，不出千里，决者至众，不可曲止也。子以吾言为不诚，试入诊太子，当闻其耳鸣而鼻张，循其两股以至于阴，当尚温也。”

中庶子闻扁鹊言，目眩然而不瞚，舌挢然而不下，乃以扁鹊言入报虢君。虢君闻之大惊，出见扁鹊于中阙，曰：“窃闻高义之日久矣，然未尝得拜谒于前也。先生过小国，幸而举之，偏国寡臣幸甚。有先生则活，无先生则弃捐填沟壑，长终而不得反。”言末卒，因嘘唏服臆，魂精泄横，流涕长潸，忽忽承睫，悲不能自止，容貌变更。扁鹊曰：“若太子病，所谓‘尸蹶’者也。夫以阳入阴中，动胃繵缘，中经维络，别下于三焦、膀胱，是以阳脉下遂，阴脉上争，会气闭而不通，阴上而阳内行，下内鼓而不起，上外绝而不为，使上有绝阳之络，下有破阴之纽，破阴绝阳，色废脉乱，故形静如死状。太子未死也。夫以阳入阴支兰藏者生，以阴入阳支兰藏者死。凡此数事，皆五藏蹶中之时暴作也。良工取之，拙者疑殆。”

扁鹊乃使弟子子阳厉针砥石，以取外三阳五会。有间，太子苏。乃使子豹为五分之熨，以八减之齐和煮之，以更熨两胁下。太子起坐。更适阴阳，但服汤，二旬而复故。故天下尽以扁鹊为能生死人。扁鹊曰：“越人非能生死人也，此自当生者，越人能使之起耳。”①

① 《史记》卷一百五，中华书局2013年版，第3354~3359页。

《说苑·辨物》第二十八章中也叙述了同样的故事：

扁鹊过赵，（王）王太子暴疾而死。鹊造宫门曰："吾闻国中卒有壤土之事，得无有急乎？"中庶子之好方者应之曰："然，王太子暴疾而死。"扁鹊曰："入言郑医秦越人能活太子。"中庶子难之曰："吾闻上古之为医者曰苗父。苗父之为医也，以菅为席，以刍为狗，北面而祝，发十言耳，诸扶而来者、举而来者，皆平复如故。子之方能如此乎？"扁鹊曰："不能。"又曰："吾闻中古之为医者曰俞柎。俞柎之为医也，搦脑髓，束盲莫，炊灼九窍，而定经络，死人复为生人，故曰俞柎。子之方能若是乎？"扁鹊曰："不能。"中庶子曰："子之方如此，譬若以管窥天，以锥刺地；所窥者甚大，所见者甚少。钧若子之方，岂足以变骇童子哉！"扁鹊曰："不然。物故有昧揥而中蛟头、掩目而别白黑者。太子之疾，所谓尸厥者也，以为不然，入诊之，太子股阴当温，耳中焦焦如有啸者声然者，皆可治也。"中庶子入报赵王，赵王跣而趋出门曰："先生远辱幸临寡人，先生幸而有之，则粪土之息，得蒙天履地而长为人矣；先生不有之，则先犬马填沟壑矣。"言未已，涕泣沾襟。扁鹊遂为诊之，先造轩光之灶，八成之汤，砥针砺石，取三阳五输；子容捣药，子明吹耳，阳仪反神，子越扶形，子游矫摩。太子遂得复生。天下闻之，皆曰："扁鹊能生死人。"鹊辞曰："予非能生死人也，特使夫当生者活耳。"夫死者犹不可药而生也，悲夫！乱君之治不可药而息也。《诗》曰："多将熇熇，不可救药！"甚之之辞也。①

《说苑》中主人公由虢太子变成赵太子。《史记》中一开始重点写扁鹊与中庶子讨论太子的病情，扁鹊关心的是"太子何病"，中庶子详细介绍了太子病情如何，然后才说其"暴蹷而死"，然后扁鹊询问其死了多久，得知尚未收殓，便告诉中庶子可以救活太子。虽然太子已死，但通过对太子病情

① 方勇主编，程翔评注：《说苑》，商务印书馆2018年版，第869~870页。

的叙述，以及扁鹊与中庶子对于太子病情的问答，可以看出，太子得的是“邪气积而不泄”急性病症，从扁鹊的问题和态度，又可以看出，这病并非不治之症，或者有起死回生的可能，这段叙述既给了读者这样的心理暗示，又为后文扁鹊妙手回春以逻辑铺垫，显得合情合理。《说苑》中一开端便叙述“王太子暴疾而死”，没有叙述扁鹊问病，而是“得无有急乎”，中庶子只回答了太子“暴疾而死”，未及其他。然后扁鹊就告诉他自己“能活太子”。与《史记》相比，《说苑》中删去了对太子病情的描述，扁鹊与中庶子的问答更为简洁，也显得突兀，但这正是它所造成的强烈悬念效果：一开始便告诉读者，太子暴病死了，得什么病、死了多久都不清楚，但是扁鹊一来就自信满满地宣称可以让太子“复活”，这就更凸显了其医术的神奇，也引起了读者的兴趣，可以说，这种叙述是别具匠心的。

接下来叙述扁鹊医治太子。《史记》中是这样叙述的：中庶子开始不相信扁鹊，述说上古最好的医者是如何治病的，认为如果扁鹊不能与之相同，便不能救活太子，扁鹊回答并说明了自己救人行医的方法是不同的，并且预言了太子此时的身体状况，得到了应验。《说苑》中不同的是，写到中庶子再三“难”扁鹊，说到上古之医、中古之医起死回生之术，扁鹊都答“不能”做到，因而中庶子讥笑他的医术连童子都吓不倒，扁鹊并未多做解释，回答说“物故有昧褅而中蛟头，掩目而别白黑者”，显然是说其医术自有神奇之处，并断定太子的病是“尸厥”，诊断“太子股阴当温，耳中焦焦如有啸者声然者，皆可治也”。紧接着并没有叙述扁鹊的诊断是否应验，但从“中庶子入报赵王，赵王跣而趋出门”，足见其医术之惊人效果。《说苑》叙事的高明之处就在，增强了中庶子对扁鹊的辩难过程，中庶子盛气凌人的难问，扁鹊简洁的回答“不能”，都使得读者不禁疑问，到底扁鹊的自信从何而来，他的医术究竟如何。同时，删去了扁鹊对自己行医方法的说明，以及其预言是如何应验的，而是从中庶子、赵王大惊失色的行为上间接衬托其医术的高妙入神，这一增一删，显著地强化了叙事效果。《说苑》中还增加了“子容捣药，子明吹耳，阳仪反神，子越扶形，子游矫摩”的具体治病情节，显得神乎其神。

值得注意的是，《史记》中是为医者立传，所以对于扁鹊如何用药行医更为关注，在赞美其超妙医术的同时，更为关注他论病诊断的内容，注重生活逻辑，而《说苑》则主要是以医术喻治国之道，叙事者感叹的是“夫死者犹不可药而生也，悲夫！乱君之治不可药而息也”，感兴趣的是将这个故事叙述得更为生动出彩，因而对扁鹊行医用药的过程不甚关注，更重视其医术神奇的一面，可以说，这两则关于神医扁鹊的叙事，《史记》侧重其“医”的一面，《说苑》突出其“神”的一面，从中我们也可以窥见历史叙事与子书叙事在处理材料时的不同。

第四章　片断性风神：西汉子书叙事审美

自先秦诸子时代起，子书中的寓言故事、民间传说等就多呈现出“小”的特点，或短小精悍，或灵动隽永。这一点与史书叙事相较更加突出，从先秦到西汉，史传叙事走向成熟的标志就是追求叙事的系统性、完整性，“宏大”成为史传追求的叙事风格。子书的“小”不仅仅是篇幅短小，更是一种叙事审美追求，即“片断性”。它并不花费过多笔墨在记述宏大复杂的历史事件，而是重点记录体现历史智慧、处世经验的人物言论，追求“写意”的风格，醉心于撷取细琐的一事一景，传达思想光芒闪烁的一瞬。

第一节　事　与　言

一、事语类史书叙事

近年来，越来越多的学者关注到一个事实，先秦时期叙事发展过程中，存在着偏重记事与偏重记言两种路径，形成了两类不同特点的叙事，过去文学史叙述中笼统地将《左传》《国语》《战国策》等称为“史传散文”，其实是不准确的，因为这一名称并不能确切概括它们的叙事风貌，甚至，如果仔细考察它们的叙事内容、叙事方式、叙事风格，会发现它们并不能归于同一叙事类型。当史乘、传记、杂说、民间传说纷杂混淆在一起，被统摄于历史书写的对象范围时，这种书写本身就存在形式上的多元性，不能一概而论。尤其是在先秦时期，子、史叙事作品处于相对混沌的状态，一些叙事作品虽然笼罩在历史著作名目之下，其实已经蕴含了向子书发展的内在可能，因此，有必要对史书内部作出更为合理、确切的区分。

20世纪70年代以来中国出土了一批事语类史书，丰富了人们对中国早期史书形态的认知，事语类史书作为一种特殊的史书体裁，有着与《春秋》和《左传》等史书截然不同的特征。

1973年，长沙马王堆三号汉墓出土了一批帛书，其中包括《春秋事语》《战国纵横家书》这类事语类史书。《春秋事语》帛书包括《杀里克章》《燕大夫章》《韩魏章》等16章，张政烺、郑良树、裘锡圭、唐兰、李学勤等学者对它进行了研究。参与整理的学者张政烺认为它们"记事十分简略，而每章必记述一些言论，所占字数要比记事多得多，内容既有意见，也有评论，使人一望而知这本书的重点不在讲事实而在记言论。这在春秋时期的古书中是一种固定的体裁，称为'语'。语，就是讲话。语之为书既是文献记录，也是教学课本。……'语'这一类的书虽以记言为主，但仍不能撇开记事，所以又有以'事语'名书的；刘向《战国策书录》叙述它所根据的底本共有六种书，其中第四种就是《事语》，其书虽已不可见，但估计它的形式和马王堆《战国纵横家书》近似，即既叙事，也记言"①。20世纪九十年代发现的上博楚简中也有与此类似的约二十种古书，徐文武在《楚国思想与学术研究》中根据上博楚简，将楚国的事语类文献进行归纳，有《庄王既成》《郑子家丧》《申公臣灵王》《平王问郑寿》《平王与王子木》《昭王毁室》等九种，指出这些古书"大致的时间段在春秋中晚期和战国前期，文字具有以记言为主、以言带事的'事语'体风格。从思想内容上看，这些史料保持着《国语·楚语》'重民''尚礼'和'崇德'的思想倾向"②。从出土文献可以看到，春秋战国时期，"事语类史书"是当时十分流行的一种史书类型。

事语类史书叙事的特点是，以人物对话和语言为主，记事为辅。这些

① 张政烺：《〈春秋事语〉解题》，《文物》1977年第1期。

② 徐文武：《楚国思想与学术研究》，湖北教育出版社2017年版，第255~256页。

事语类史书多是围绕君臣之间的对话片断展开叙事，这些对话的中心和主题，主要是政治方略或治国原则。这种对话，可能是由某一事件或者对某个观念的关心引发的，但是一般而言，叙事者关心的重点并不是对话引发的某些后续事件的发生。对话中经常会征引古事，但是其目的并不在于叙述历史上某个事件的过程，而是将事件高度概括来证明自己的观点。例如，《春秋事语》诸篇中，人物语言最少的《吴伐越章》中，语言也占全章的50%，语言成分最多的《杀里克章》占全章92%，全书的人物语言与叙述语言大致比例为7∶3，《春秋事语》可以说是典型的记言类史书。

事语类史书多是围绕着一个话题(大多数情况是围绕着一个事件，或者由一个事件引起的)的以记言为中心的简短记叙，① 记载故事较为简略，重在表达观点。如《春秋事语》在叙述之后往往有如“闵子辛曰”“士说曰”“士厦曰”“纪澧曰”等时人的议论，语录体文字远比叙事文字丰富，突出展现出语录体的风格。《春秋事语》的文字较为浅显，内容较为单一，所要表达的思想主要通过语录来体现，故而学界多推测其为启蒙教学性质的用书。俞志慧在《语：一种古老的文类——以言类之语为例》中对“语”类文体作了探讨，文章认为，“语”是一种古老的文类，其体用特征是“明德”，这一体用特征是“语”区别于同期其他文类的身份证明。它大致可分为重在记言和重在叙事的两类，每类又表现为散见的或结集、成篇的两种，散见言类之“语”的文字标志是“语”“言”“谚”和部分“闻之”；结集成篇的言类之“语”则集中地保存在先秦迄两汉的文献中。②

事语类史书在内容来源上表现出较强的“民间性”。春秋以来，官方史学衰落，诸子兴起，私学、私家著史成为官学和官方史学权威衰弱后的一种新现象，二者在史料采择的来源上有很大不同。《史记·十二诸侯年表序》云：“七十子之徒口受其传指，为有所刺讥褒讳挹损之文辞不可以书见

① 胡家骥：《东亚纪传体史书的叙事模式——以〈左传〉〈史记〉〈汉书〉为中心》，复旦大学2009年硕士论文。

② 俞志慧：《语：一种古老的文类——以言类之语为例》，《文史哲》2007年第1期。

也。鲁君子左丘明惧弟子人人异端，各安其意，失其真，故因孔子史记具论其语，成《左氏春秋》。铎椒为《楚威王传》，为王不能尽观《春秋》，采取成败，卒四十章，为《铎氏微》。赵孝成王时，其相虞卿上采《春秋》，下观近势，亦著八篇，为《虞氏春秋》。吕不韦者，秦庄襄王相，亦上观尚古，删拾《春秋》，集六国时事，以为八览、六论、十二纪，为《吕氏春秋》。及如荀卿、孟子、公孙固、韩非之徒，各往往捃摭《春秋》之文以著书，不同胜纪。"①李零对先秦史书材料的类型作了区分，认为存在档案类史书与故事类史书的区别，不同于档案类史书的官方性、严肃性和难于流传的特点，街谈巷议、稗官野史、口头相传的故事历史材料，是诸子百家最常引用的，"这类材料，往往有口语化的外貌和通俗化的形式，而且不一定是当时的纪录，很多都是口口相传，带有追忆的性质，最后由文化精英，用书面语在创造，把它们传递下去。和档案类的史书相比，它比较口语化，但其实叙述和对话都是精心设计，由写书人刻意制造，其实是书面化的口语，和档案形成对照。档案类的东西，尽管读起来，佶屈聱牙，十分难懂，却比后者更忠实于口语(尽管是打着官腔的口语)。我们说的故事类史书，其实是一种貌似口语，但实为文学创作的史书"②。可以说，事语类史书更接近故事类史书，它与官方史书重视材料纪实、文献保存的功能不同，它们更重视历史人物的言论，总结成败是非的经验，其来源途径更广泛，因此表现在叙事形态上，与官方档案类的史书有显著区别。

事语类史书正是先秦语类史书发展的早期形态，在叙事形态上处于介于史、子之间的混沌状态，它们正是促进史著与诸子叙事进一步发展的共同基础。"从战国到西汉早期，事语类古书都在很大的范围内流传，并且《左传》和《国语》的编辑都离不开这类古书。在战国至西汉时期，由于事语类古书的大范围流行，不同地域不同作者对同一事件的记录会有相当大的差异，但其叙述能力和叙述特征是大体接近的。它们是早期史书的基本材

① 《史记》卷十四，中华书局2013年版，第642页。

② 李零：《简帛古书与学术源流》，生活·读书·新知三联书店2004年版，第267页。

料，被大量采入以《左传》《国语》为代表的早期整合之中，真正形成了情节并用叙述的方式表现意义。直到司马迁编纂《史记》的时候，他所面对的大量历史材料和早期叙事文本，依然是这类事语类古书。事语类古书记录著名卿大夫的言论，主要是出于表达政治观念和治国之术的目的。因而，它可以沿着两种线索发展：子书和史书。尽管他们的叙事能力和叙事兴趣都还很微弱，但是这种纪录依然应当认为是一种文学语言，如同孔子所说，'言之无文，行而不远'，在这些言论之中都体现者为了明确表达主题和修饰语言而做的努力，与实际口语的差距是很大的。"①

以《春秋事语》为例，我们可以看到，事语类史书在结构上有两种方式，一是"史实+评论"，即先简要叙述发生的历史事实，此后是叙述者的评论，这种结构在《春秋事语》中较为少见。二是"史实+评论+征验"，即简述发生的历史事件，紧接着对此作出评论，最后记载事件的结果，这结果显示出对评论的一种验证。② 这种结构与《国语》是很相似的。从叙事上看，事语类史书可以向三个方向发展：其一，如果将"史实"部分扩展，并按照事件发生的逻辑顺序加以连缀，并将事件的结果或征验与史实联结，形成对事件的完整叙述，并在最后加上叙述者的简短评价，这就是类似《左传》的史书叙事形态；其二，如果将史实部分压缩，而将人物语言、对话进行扩充，将其作为表达政治意见、哲学观点的载体，这就发展成为子书中常见的、基本的论辩体裁；其三，突出人物的语言、对话，同时也保持以"事"为对话背景和贯穿对话的线索，即沿着事语体的叙事道路发展，就成为《国语》叙事的形态，诸子叙事也在很大程度上受到这种叙事传统的影响。

由此我们可以看到，早期子、史的叙事规范虽然还未正式形成，在形态上处于较为混沌的状态，难以截然区分，但是，记录历史的诸种材料，从来源上其实已蕴含着向子、史两种方向发展的区分，事语类史书可以看

① 胡家骥：《东亚纪传体史书的叙事模式——以〈左传〉〈史记〉〈汉书〉为中心》，复旦大学 2009 年硕士论文。

② 夏德靠：《〈国语〉研究》，知识产权出版社 2014 年版，第 204 页。

作古代历史叙事重“言”传统的典型代表，它不仅为史书的发展奠定了基础，也对子书叙事带来启发和影响。

事语类史书的兴起与春秋以来文化发展的特点有关。过常宝认为，春秋时期以“君子”为代表的新兴文化阶层替代了以史官为代表的礼乐文化，所谓“君子”，指那些浸染着礼乐文化却有着理性精神，并能立言于世的人，君子文化是巫史文化到士文化的过渡阶段，起着承上启下的重要作用。史官参与并以文献方式支持了君子的“立言”，《左传》《国语》等史籍大量载录了君子的立言。“语”作为一种文献样式，得到很快发展，《国语》是其中最有代表性的著作。春秋后期的语体文献种类较多。《老子》是从实史职箴训诫功能发展的语体文献，《论语》是孔子的立言，其编纂体现孔门弟子对君子身份的认同，春秋语体文的兴盛，为中国士文化奠定了基础，对诸子文献起到了示范的作用。①

儒家自孔子以降的后学教授生徒、传承学派的方式也促进了语体叙事的发展。陈桐生提出“七十子后学散文”这一概念，将其分为“片断语录体”、问答记事体、专题论文三种类型，他指出，“只讲诵经书，或据经书来传授相关的礼乐知识，已经不能满足现实和学术需要，应该有更系统、更有现实意义的知识，才能维系学派的发展。于是，孔子‘述而不作’的学术观念就被突破了，孔门弟子及后学对六艺之学进行总结、完善，形成较为系统的理论著述，‘作’遂成为一时之风气。其代表是《礼记》”②。其中，片断语录体及问答记事体，指的是在七十子之徒及其后学中，以孔子为中心的语录体和问对体的文章，它们中多有涉及叙事部分。孔子以传经和授礼为主，教学方式是“述而不作”，七十子及其后学为了传播、丰富孔子的学术，则不得不多方撰述，光大孔子的学术精神，有利于教学传播。“七十子及其后学的学术文献工作，主要有：追述先师言行、完善礼制、阐发

① 过常宝：《先秦散文研究：早期文体及话语的生成方式》，人民出版社 2009 年版，第 178 页。

② 陈桐生：《从出土文献看七十子后学在先秦散文史上的地位》，《文学遗产》2005 年第 6 期。

礼义、为礼经作传。为传播和教学需要，这些文章有时采用语录体，有时采用经传体，有时采用专论体，七十子后学这些文献成果，虽在战国时期不一定编撰成书，但它们作为儒家学派文献的整体性存在，无论是在学术方向、文献内容，还是在文体形态上，都对后世儒家文章有启发性的意义。"①由此可见，自战国以来儒家后学的这种以追述、口传为特征的学术传承方式，对于语体叙事的发展亦有重要影响。

总之，先秦、秦汉间存在着事语类史书的叙事传统，它与官方档案类史书相较，在内容、形态、取材上有明显区别，它重视体现得失成败、经验教训的历史人物言论，取材途径广泛，吸收民间传说、稗官野史，其叙事传统对子书叙事的发展产生了影响。事语类史书的繁荣，与先秦君子文化特点、战国秦汉间诸子学术的口头传承方式有关。

二、事语类史书与子书叙事结构形态

事语类史书对子书叙事的结构形态有深刻影响，主要表现在：一是整体结构上，通常是事件背景加人物对话的方式；二是在叙述事件时，往往并不重视对人物身份、事件发生因果、时间地点等要素的叙述，而是重点记述人物的语言。

事语类史书的整体叙事结构，可通过传世文献、出土文献分别考察。传世文献中，代表性作品是《国语》。对《国语》叙事结构形态的关注，较早的是美国学者萨金特，他提出可将《国语》篇章划分为统治者将做某事，谏者引用历史典故进行劝说，或被接受或被拒绝，然后是事件结果的结构。俞志慧在《〈国语·周鲁郑楚晋语〉的结构模式及相关问题研究》中将《国语》的叙事结构模式概括为"背景或缘起、嘉言善语、结果"的三段式。② 李佳在《试论〈国语〉的篇章结构及其笔法特征——以〈左传〉互

① 过常宝：《先秦散文研究：早期文体及话语的生成方式》，人民出版社2009年版，第264页。

② 俞志慧：《〈国语·周鲁郑楚晋语〉的结构模式及相关问题研究》，《汉学研究》2005年第2期。

见记载为参照》中对《国语》叙事模式进行了更为具体细微的探索。该文认为，《国语》诸篇普遍具有近乎类型化的结构，即“背景 + 言语 + 结果”或者“背景 + 言语 + 结果+ 尾声”，并对“背景”“言语”“结果”“尾声”诸要素的特点进行了分析，指出《国语》在“背景”部分表现出的特点是：具有高度的概括性，不以实录为目的；淡化时间性，模糊事件发生的时间。在“言语”上，《国语》将这一要素置于全篇核心位置，突出主要人物言语，并且讲究说理的方法，注重人物言语的逻辑性、完整性与论证观点的方法。在“结果”和“尾声”上，这部分一般叙述较简短，且“尾声”叙述的是经过较长时间的事件最终情况，与“结果”并不在相同的历史场景中。①

出土文献方面，可以《春秋事语》为代表。前文已简述过其中的两种叙述模式，下面结合文本来具体说明。马王堆帛书《春秋事语》共 16 章，其中部分章节残缺严重，但仍可以从残简及其他文献参照，看出其文本结构的大致面貌。事语类史书主要简述史实后，重点记述对于史实的评论，其大致结构有两种类型。一种是“史实+评论”，如《杀里克章》，开篇简述“杀里克”一事，紧接着是“××曰……”，显然是针对晋杀里克这一事件的评价。整理者在注释中介绍了关于此章的背景：“据《左传》，晋献公死于鲁僖公九年，当时公子重耳（文公）和夷吾（惠公）都逃往在外，荀息立公子奚齐。里克把奚齐杀了，荀息又立公子卓，里克把公子卓和荀息都杀了。公子夷吾许给秦国河东五城，许给里克田一百万、丕郑田七十万，才回到晋国，被立为晋侯。《晋语三》说‘惠公入而背外内之赂’，外指秦国，内指里克、丕郑，因此惠公以里克杀两君一大夫为由而杀里克”，“此章所记当时人的议论，别的古书没有记载过”②。由此，我们可以看到，“××曰”的内容，主要是站在晋国君主角度分析利害、批评得失，从残简可以看

① 李佳：《试论〈国语〉的篇章结构及其笔法特征——以〈左传〉互见记载为参照》，《北京大学学报》2010 年第 6 期。

② 马王堆汉墓帛书整理小组编：《马王堆汉墓帛书叁》，文物出版社 1983 年版，第 3 页。

出，“忠者……疾之，几或……之乎？是塞……”，又提及“韩间午(忤)秦……”①可见一方面分析了杀里克对于晋国国内人心的影响，另一方面，也谈到了对外得罪秦国的外交形势，这一部分是叙事的重点内容。另一种是“史实+评论+征验”类型，《春秋事语》中多数篇章是这种结构，如《燕大夫章》，先述燕大夫胜晋国事，再述其弟子车的评论，认为虽胜反而有忧，最后是叙述其后十一月晋国大败燕军，应验子车之言。从《春秋事语》的两种叙事结构来看，无论是哪种类型，可以看出，“评论”部分都是叙事的重心。

我们可以看到，语类史书的结构形态事实上与子书的叙事形态是非常相似的。子书叙事常见的结构，通常也是由“背景”“言语”“结果”“评论”等要素构成。这些要素并不是在所有叙事中同时具备，不过，其共同点是，重心都在人物的言语和对话。例如：

> 晋灵公之时，宋人杀昭公。赵宣子请师于灵公而救之。灵公曰：“非晋国之急也。”宣子曰：“不然。夫大者天地，其次君臣，所以为顺也。今杀其君，所以反天地，逆人道也，天必加灾焉。晋为盟主而不救，天罚惧及矣。《诗》云：‘凡民有丧，匍匐救之。’而况国君乎？”于是灵公乃与师而从之。宋人闻之，俨然感说，而晋国日昌，何则？以其诛逆存顺。《诗》曰：“凡民有丧，匍匐救之。”赵宣子之谓也。(《韩诗外传》)
>
> 赵简子死，未葬，中牟入齐。已葬五日，襄子起兵攻围之。未合而城自坏者十丈。襄子击金而退之。军吏谏曰：“君诛中牟之罪，而城自坏，是天助我，何故去之？”襄子曰：“吾闻之叔向曰：‘君子不乘人于利，不迫人于险。’使之治城，城治而后攻之。”中牟闻其义，乃请降。故《老子》曰：“夫唯不争，故天下莫能与之争。”(《淮

① 马王堆汉墓帛书整理小组编：《马王堆汉墓帛书叁》，文物出版社1983年版，第3页。

南子》）

智伯欲袭卫，故遗之乘马，先之一璧。卫君大悦，酌酒，诸大夫皆喜，南文子独不喜，有忧色。卫君曰："大国礼寡人，寡人故酌诸大夫酒，诸大夫皆喜，而子独不喜，有忧色者，何也?"南文子曰："无方之礼，无功之赏，祸之先也。我未有往，彼有以来，是以忧也。"于是卫君乃修梁津而拟边城。智伯闻卫兵在境上，乃还。（《说苑》）①

以上三则叙事内容，开端都有一简要的背景介绍，"晋灵公之时，宋人杀昭公"，赵简子死而未葬中牟入齐，智伯欲袭卫而与之乘马和璧，使卫君大悦，这些都构成接下来对话发生的背景。接着，就叙述到主人公与进谏者的对话，并且主要突出、强化其中一方的语言，赵宣子引用《诗经》论及晋国作为盟主救难的必要性，赵襄子反驳军吏建议，引贤人叔向之语认为让中牟城治而后发动攻击，南文子以无功不受禄的道理提醒卫君智伯是不怀好意的，这些言论无疑是全篇中闪耀智慧光芒的亮点。最后，简要介绍语言引起的结果，如灵公发兵救援，中牟请降，卫君听从南文子的建议采取防备措施使得智伯罢兵，并且时常对比加以评述，引用《诗经》《老子》等经典对叙事所蕴含的道理加以概括、提示。由上面的分析，我们主要是想说明，事语类史书其实已经呈现出与子书叙事相近的形态，它对于子书叙事的影响是不应忽视的。

第二节　片断性风神：子书叙事的审美特点

任何叙事都体现出独特的叙事语调，它与叙事的审美风格、基调是相适应的。"我们在欣赏任何艺术作品的时候，都会有一种与欣赏心理

① 分别见许维遹校释：《韩诗外传集释》，中华书局1980年版，第23页；陈广忠校点：《淮南子》，上海古籍出版社2016年版，第288页；方勇主编，程翔评注：《说苑》，商务印书馆2018年版，第619页。

对应的‘情调感’。这种‘情调感’，就像有声响的旋律，在我们的审美感受中流淌回响，给我们以不同的审美体验。比如建筑，哥特式的教堂，阔大的空间，高高的尖顶直指上苍，给人的是一种神秘感，个人的渺小与无法把握；而中国式的建筑群落，给人的则是与现实的联系，生活的温馨与亲切感；比如音乐，《命运交响曲》在简洁有力的音乐语言抒发中，我们会体会到对逆转命运的顽强搏斗，对自由、平等、博爱的不懈追求。而听《梁山伯与祝英台》则在优雅缠绵、如诉如泣的旋律中，感到爱情的美好与神思飞扬的飘逸；绘画也是如此，《清明上河图》，会让人感受到生平繁荣，市井习俗；《伏尔加河上的纤夫》，则让人体验到深沉和力量；舞蹈、雕塑也都如此，它们都有一个基本的‘情调’，或明快、或深沉、或淡雅、或浓烈等等。……一部叙事作品会给人以情调感，这就涉及到了叙事语调的问题。所谓叙事语调，就是作品本文体现出的情感色调。”①

我们在阅读子书叙事作品的时候，能够体会到它独特的叙事风格，由于它在题材上多与历史叙事相重合，子书叙事与历史叙事在审美风格上的区别就尤其值得我们关注、比较。与鸿篇巨制的历史叙事凝重、典雅的风格相比，子书叙事更呈现出一种片断性风神，它通过片断性的场景、情节，以小见大，并且某种程度上透露出写意性的审美趣味。

首先，结构上的片断性。历史叙事追求的是结构的完整性、系统性，不仅有着严谨缜密的体例，同时，也追求详备的叙事，不仅内容上要包揽宇宙天人，方式上也一般依照自然时间顺序交代事件发生的来龙去脉，可以说，史家叙事追求的是一种统一性。而子书叙事则不同，从内容上看，它的特点是零散，从叙事方式上看，它更像是对历史素材的随手截取，是“掐头去尾”的叙事，不像史书，对人物的身份、事情发生的过程、结果作详细说明，它只需集中一点而无需顾及其余，突出启人心智、有助于说服

① 孟繁华：《叙事的艺术》，中国文联出版公司 1989 年版，第 52~53 页。

读者的部分就已经足够，追求一种“片断性风神”。

历史叙事首先追求时序上的系统性和完整性。李零认为，如果从简帛古书来观察早期中国史书的形态，首先应注意到的是谱牒类的史书。“史书之体裁即滥觞于此。古人作史，第一中心是‘人’，它写人，主要是靠‘世系’或‘谱牒’。这是古代作史的第一框架。”①谱牒类史书被认为是纪传体的来源，在某种程度上也对纪传体史书观念产生了影响。谱牒类史书重视的是构建完整、清晰、准确的贵族世系，自原始社会至氏族社会，人类社会发展对血缘关系、血脉传承的重视在不断加强，尤其是商周时期的宗法制社会对于父系血缘关系的传承非常重视，史的首要功能就是完整记载姓氏、家族乃至国家的发展谱系。周代史官的重要职责就是掌谱牒，以定世系、辨昭穆。春秋时期晋国设有专职官员掌管王族及谱牒相关事宜，防止宗族昭穆的乱序，保障宗法制顺利推行。这类史书中最重要的当推《世本》，它记载了从黄帝到春秋时期上自帝王、诸侯下至卿大夫的世系，司马迁《史记》中的“十表”就参考了先秦时期的谱牒史书，尤其是《世本》。我们看到，由于谱牒类史书的主要功能是记录贵族世系，它们非常重视世系的承袭和流变，往往追源溯流，注重系谱的清晰顺序，时序性、系统性是其鲜明特征。继谱牒类史书之后，在早期史书中占有重要地位的是纪年类的史书，相较于谱牒的“世代”时序，“年”的时间单位更小，不过两者的逻辑是相通的，都是以事系之时序，对历时性结构的完整和系统性的重视是一致的。

历史叙事的完整性结构与其叙事的时间观念是联系在一起的，学者们普遍认识到，中国古代叙事结构强调完整、周密的“圆”形结构的思维传统，主要是由历史叙事赋予的。每一种叙事都是与其时间观相适应的，在现代社会以前，普遍的时间观是轮回的时间观，“在个体的生命或独特的一次性事件所决定的有始有终的时间之上，存在着某种无始无终，一切起

① 李零：《简帛古书与学术源流》，生活·读书·新知三联书店2004年版，第261页。

自于它、一切又复归于它的东西。每个有其开始与结束的生灵进入并出自于宇宙间这一巨大的‘无始无终的圆’。这个若隐若现的无始无终的圆的感知被指述为时间循环或‘永恒的轮回’，循环时间观在中国、印度、希腊思想中是一种普遍化的倾向。‘返’‘复归’‘再生周期’‘转轮’‘圆’的观念和意象表明了宇宙之‘道’‘气’‘羯磨’‘无’的循环或重复的运行方式”①。由此可见，历史叙事的完整性源于早期史书的谱牒、纪年等形态对时序的重视，此外，在史书叙事发展过程中形成的追求“圆”形结构的叙事思维，也促进了史书叙事对完整性结构的重视。

与此相对照，子书叙事则表现出对非连续性的共时片断与场景的偏好。这与我们的日常情感体验是相吻合的，诚然，面对浩瀚的人类历史，对于过去事件与经验进行归纳总结，赋予其一个宏大、周密的体系，“究天人之际，通古今之变”是一个必要的课题，然而，“事物有它的深度，在日常性中只使我们看到其表面，在某些瞬间，晚钟、阴雨、一张脸或一个背影、一片云朵或树叶的突然显现，使人面临一种往日的情景。这些瞬间呈现的事物是人的非意识记忆的时间形式，瞬间状态的事物之所以具有如此力量与可能性，是因为它们是重复出现的事物。过于重复出现的时间打破了一去不返的时间法则，造成了时间的停顿。它们是过去的现在。事物所呈现的、所召回的、所重复的不是过去的时间，而是过去的时光”②。也就是说，瞬间的、片断性的场景同样也可以包涵深刻而丰富的历史经验，并且可能具有更为亲切可感的特殊魅力。子书在记事上十分简洁，恰恰缺少事件内部行动的细化、密集，它通常是用一两句话简要介绍事件发生的背景，然后叙述人物的话语，再以寥寥数语交代结果，有时甚至略去结果。也就是说，子书叙事关心的重点一般不是叙事结构的完整性，而是聚焦于某一个场景，某一段话语，通过人物的几个关键动作，一段精彩的语言来表现人物神采生动飞扬的一刻，传达思想光芒闪烁的一瞬，有节制地

① 曲春景、耿占春：《叙事与价值》，学林出版社2005年版，第126~127页。
② 曲春景、耿占春：《叙事与价值》，学林出版社2005年版，第187页。

叙事而韵味无穷。叙事者醉心于撷取细琐的一事一景，满足于记取蕴含某种智慧、机趣的那灵犀一点。

我们可以比较史书与子书中关于楚庄王的叙事。楚庄王是春秋时期楚国明君，他在位期间任用贤臣，治国有方，实现富国强兵，楚国甚至一度有“问鼎中原”的实力和雄心。在春秋战国时期，关于这位楚国贤君的故事在子、史文献中广为流传，通过对其的比较，我们看到子、史叙事审美追求上的不同。子、史中对庄王事迹的叙述情节概况见下表：

《左传》	文公十四年：“楚庄王立，公子燮与子仪作乱” 宣公元年：“秋，楚子侵陈，遂侵宋” 宣公三年：“楚子至洛阳问鼎，王孙满对曰在德不在鼎” 宣公四年：“楚若敖氏之乱” 宣公六年：“楚人伐郑” 宣公十一年：“楚伐陈，杀夏徵舒” 宣公十二年：1. “楚伐郑，郑伯肉袒牵羊以逆” 2. “楚子伐萧” 宣公十四年：“楚子使申舟聘于齐” 宣公十五年：“楚伐宋，宋华元登楚将子反之床以病告，楚退三十里” 宣公十八年：“楚庄王卒”
《史记》	《楚世家》：“（穆王）十二年，卒。子庄王侣立。庄王即位三年，不出号令，日夜为乐……是岁灭庸。六年，伐宋，获五百乘。八年，伐陆浑戎，遂至洛，观兵于周郊……九年，相若敖氏……十三年，灭舒。 十六年，伐陈，杀夏徵舒……十七年春，楚庄王围郑，三月克之……二十年，围宋，以杀楚使也……二十三年，庄王卒，子共王审立。”

续表

《韩诗外传》	卷二：1. “楚庄王围宋” 2. “楚庄王听朝罢晏，樊姬下堂而迎之” 卷三：“楚庄王寝疾” 卷六：“楚庄王伐郑，郑伯肉袒” 卷七：“楚庄王赐其群臣酒” 卷九：“楚庄王使使赍金百斤，聘北郭先生” 卷十：“楚庄王将兴师伐晋”
《说苑》	卷一“君道”：1. “楚庄王过申侯” 2. “楚庄王好猎” 卷四“立节”：“楚庄王猎于云梦” 卷六“复恩”：“楚庄王令群臣绝缨” 卷九“正谏”：“楚庄王三年不听朝，苏从入谏” 卷十二“奉使”：“楚庄王伐宋” 卷十三“权谋”：“楚庄王伐陈” 卷十四“至公”：1. “楚令尹虞丘子对庄王” 2. “楚廷理斩太子御而庄王不罚” 3. “太子车立茅门之内，少师庆逐之，太子入谒，庄王舍之” 卷十五“指武”：“楚庄王伐陈”
《新序》	杂事一：1. “樊姬对楚庄王” 2. “吴起以楚庄王事说魏武侯” 3. “申公巫臣谏楚庄王纳夏姬” 杂事二：1. “楚庄王问政孙叔敖” 2. “楚庄王‘一鸣惊人’” 杂事四：1. “楚庄王伐郑，郑伯肉袒” 2. “晋人伐楚三舍不止，庄王泣拜诸大夫” 杂事五：“楚人有善相人，庄王问政”

《左传》和《史记》都记载了楚庄王的事迹。作为编年体史书，《左传》是以纪年的方式，将楚庄王的事迹在每一年的纪事中记录下来。由于《左传》是鲁国史书，故而，它对于鲁国相关的中原各国更为关注，对楚国的关注相对较少，不过，《左传》仍然完整记载了自文公十四年楚庄王即位到宣公十八年楚庄王卒期间发生的事件，尤其是庄王与楚国发动的对中原国家的战争，都予以了记载。其中，着重叙述了宣公三年"楚子问鼎"，宣公四年"楚子与若敖氏战"，宣公十一年"楚子为陈夏氏乱之故伐陈"，宣公十二年伐郑"郑伯肉袒牵羊以逆"，"冬，楚子伐萧，王巡三军，拊而勉之，三军之士，皆如挟纩"，以及宣公十五年楚师围宋。编年体虽然对楚庄王的叙述分散在每一年，不过仍然是首尾完整的。《史记·楚世家》的叙事也受到《左传》影响，从庄王即位至逝世，记录了其作为楚国国君、春秋时期霸主的辉煌一生。虽然是按照编年纪事，但绝不是平铺直叙，除了在重要的年份节点简要记录其治下楚国发生的重大历史事件如"八年，伐陆浑戎"，"九年，相若敖氏"，"十六年，伐陈，杀夏徵舒"等，重点叙述了庄王在位期间的几件大事，如即位三年不理朝政而以隐语"不鸣则已，一鸣惊人"来自陈志向，入洛问鼎，从谏复陈，伐郑而使郑伯肉袒牵羊以逆，围宋因华元出告实情而撤兵，这些事件是按照时间先后顺序叙述，同时又选择了最能代表庄王功业和君王品质的情节详叙，体现出历史叙事追求结构完整的特点。

子书中则并不注重记录和表现楚庄王的生平，而是根据不同叙事目的撷取庄王的某一项事迹。例如，《韩诗外传》是为了解释《诗》句的微言大义，叙事乃为此服务。为了解释《诗经》中"彼姝者子，何以告之"的诗意，说明"君子善其以诚相告"的道理，选择了楚庄王围宋的故事并加以说明，重点叙述了楚司马子反与宋华元的坦诚相告，楚军仅有七日之粮，宋城内已绝粮至易子而食，这种坦诚反而促使楚军班师、宋都解围，很好地说明了这一道理。至于《说苑》《新序》则更是在明确主题之下搜集故事，如《说苑》"君道"中叙述了庄王得胜过申侯之邑而不食，为了阐述"自惜不肖，思得贤佐，日中忘饭"的"明君"之道，通过"楚庄王好猎"而"猎将以求士"的叙述，阐明“苟有志则无非事”的道理。“复恩”中叙述了楚庄王下令灭灯、群臣绝缨而保全了酒醉失礼被美人扯断冠缨的将士，最终在战场上得到将士的拼死保护，这正是对“复恩”的绝佳说明。我们看到，子书中的庄王叙事，都是根据不同目的截取的庄王生平事迹中的某一片断，既不注重庄王生平的连贯性，也不重视事迹发生的历史背景，而是仅看重叙事目的与内容的契合。

其次，追求写意性。历史叙事，“它的目的是把历史事实记载下来，因此在记叙的时候，必须把历史事件发生的时间、地点，把事件的起因、发展和结果的全过程记录下来，把事件中的主要人物和次要人物都加以介绍，并描叙他们在事件中的地位和作用，总之，它对事件的记叙是完整的，这种记叙，我们或者可以叫它‘记实性’记叙……关于片言只语和某个行为举动的记叙只是一种精神和思想的载体，形象只是手段，意象才是目的，这种记叙，我们或者可以叫它‘写意性’记叙”①。子书叙事正是一种“写意性”的叙事形态。

子书叙事的“写意性”，除了与前文所述叙事结构的片断性相关，还与其策略有关：第一，一般采取模糊的时空背景处理方法。如前所述，历史叙事总是尽量详细、明确地记载下事件发生的时间和空间信息，唯有如此，才能展示叙事的可信、可靠，而这同时也限制了想象的空间，取消了叙述的写意性。子书则不然，它往往并不注重具体、明确的时空信息，不像历史叙事那样在一个明晰的时空背景中展开故事的叙述，它不重视，甚至有意识地模糊了时空，割断了人物与具体历史语境的关系。② 如此一来，就形成了一种“凿空而来”的轻灵感，将人物、事件从厚重史实中剥离出来。一方面，读者的注意力得以从对史实的确证转向人物和事件的叙述呈现本身；另一方面，人物相关的历史记载也与子书所叙述的传说、轶闻形成互文关系，为子书叙事拓展广阔想象空间和丰厚意蕴。例如，《说苑·

① 石昌渝：《中国小说源流论》，三联书店 1994 年版，第 82~83 页。

② 张泽兵：《〈世说新语〉写意叙事策略分析》，傅修延主编：《叙事丛刊(第一辑)》，中国社会科学出版社 2008 年版，第 88~89 页。

复恩》中叙述了“楚庄王令群臣绝缨”的故事，楚庄王赐宴群臣，日暮酒酣，灯灭时有酒醉臣子唐突美人，被扯断冠缨，美人要求查明严惩，但庄王认为赐宴使臣子酒醉是自己的过失，于是令群臣都断绝冠缨再点灯，以此保全犯错之人，其后晋楚大战，有一臣子身先士卒，奋力死战，终使楚军得胜，庄王得知，此人正是他之前保全的罪臣。这则叙事中刻意模糊了罪臣的真实身份，也没有明确晋楚大战的时间，由此，读者不需要也无法将注意力集中于具体是庄王哪位臣子和哪年晋楚战争的史实上，而很自然被叙事内容本身所吸引，本篇在情节叙述上，刻意设置了悬念，先叙述了庄王的宽宥，转而叙述晋楚战场上有一人的拼死战斗，最后才揭开二者的关联，由此，庄王的大度和臣子的知恩图报便令人印象深刻。虽然读者并不能确切了解这是发生在庄王在位哪一年的故事，但从历史记载中，庄王从即位初期的隐忍自全到奋发图强，至问鼎中原，可知这是一位有宏图大志的君主，在这种语境中，庄王“令群臣绝缨”更显示出其宽仁下士的可贵品质，对历史信息的“留白”更增添了叙事的无限韵味。

第二，子书叙事与事语类叙事传统联系较为紧密，它在叙述事件情节、人物行动上较为简洁，而更注重人物语言，对这些或含蓄婉转或犀利透辟或内蕴丰富的“嘉言”的撷取，为叙事平添了光彩。

我们看《韩诗外传》中的一则：

> 孔子出游少源之野。有妇人中泽而哭，其音甚哀。孔子怪之，使弟子问焉，曰：“夫人何哭之哀？”妇人曰：“乡者刈蓍薪而亡吾蓍簪，吾是以哀也。”弟子曰：“刈蓍薪而亡蓍簪，有何悲焉？”妇人曰：“非伤亡簪也，吾所以悲者，盖不忘故也。”①

这则叙事，并没有明确的时间信息，而空间信息“少源之野”也是十分模糊的，可以说，叙事在文本中建构的一个自足的时空中展开，这个时空

① 许维遹校释：《韩诗外传集释》，中华书局1980年版，第317~318页。

充满留白的、虚渺的背景，原隰上的妇人，其姓氏乡里都不清楚，没有交代其身份，首先叙述的信息就是“中泽而哭”，“其音甚哀”，写意的意味浓厚。并且，它的重点并不在叙述一个事件，甚至可说没有完整的事件，叙事结尾以妇人的一句话戛然而止，然而这也是点睛之笔，叙述者就是通过叙写这样一个简短的对话情景，点出“不忘故也”的主题。我们读罢，想不出它讲述了一个如何精彩的故事，却不能不被“中泽而哭，其音甚哀”的妇人所感染，“非伤亡簪也，盖不忘故也”，所要传达的是不忘故旧的道理，同时也渗入了怀念感伤的情感，这种理与情所渲染出的场景，更令读者印象深刻。再如：

> 晋平公浮西河，中流而叹曰：“嗟乎，安得贤士与共此乐者?”船人固桑进对曰：“君言过矣。夫剑产干越，珠产江汉，玉产昆山，此三宝者，皆无足而至。今君苟好士，则贤士至矣。”平公曰：“固桑来。吾门下食客者三千余人，朝食不足，暮收市租，暮食不足，朝收市租。吾尚可谓不好士乎。”固桑对曰：“今夫鸿鹄高飞冲天，然其所恃者六翮耳。夫腹下之毳，背上之毛，增去一把，飞不为高下。不知君之食客三千余人，六翮邪，将腹背之毛毳也?”平公默然而不应焉。(《新序》)①

这则叙事同样为我们展示了片断性叙事。人在面对辽阔自然景观诸如壮丽山川时常被唤起某种感慨之情，从孔夫子到汉武帝，面对滔滔川流都不免发出浩叹，晋平公也是如此，其“中流而叹”大有明主求贤的豪迈意气，船人固桑不免破坏了他的好兴致，然而固桑以形象生动的譬喻指出问题的核心，君主有高飞冲天的鸿鹄之志，而所养的食客却不过如腹背之毛无关紧要不能助力，固桑的比喻贴切生动，与情景相协，富于意蕴和趣

① 石光瑛校释，陈新整理：《新序校释》上，中华书局 2009 年版，第 120～126 页。

味，有点睛之效。

第三，如果说历史叙事是深沉凝重的，那么子书叙事倾向消解这种凝重，通过“以小见大”的方式，以寓有深刻意义的场景、细节来表达重大的主题。换句话说，历史叙事通过丰富的重大史实的陈列和全面、理性的历史逻辑分析让叙事厚重起来，而子书叙事则力图通过“有意味”的细节让叙事向思想深处拓展。

谈到叙事的“轻”与“重”，我们可以引用卡尔维诺的论述。诚然，史书与子书作家，无论是记录史事还是为说理而叙事，使命之一是要叙述历史或时代的重要事件，但正如卡尔维诺所意识到的，“本来可以成为我写作素材的生活事实，和我期望我的作品又能够具有的那种明快轻松之间，存在着一条我日益难以跨越的鸿沟，大概只有这个时候我才意识到了世界的沉重、惰性和难解；而这些特性，如果不设法避开，定将从一开始便牢固地胶结在作品中。……我的写作方式一直涉及减少沉重。我一向致力于减少沉重感：人的沉重、天体的沉重感、城市的沉重感，首先，我一向致力于减少故事结构和语言的沉重感”①。他在《未来千年备忘录》中讨论文学的“轻逸”功能时说，“每当人类似乎被宣告罚入重的状态，我便觉得我应当像珀尔修斯那样飞入另一个空间。我不是说逃进梦中或逸入非理性。我是说，我必须改变方法，换一个角度看世界，运用不同的逻辑和崭新的认知、核实方法。我所寻求的轻的形象，不应该像被现在和未来的现实所粉碎的梦那样消失……”②这可以引起我们对于历史叙事与子书叙事不同审美风格的思考。子书叙事在题材上与历史叙事有许多重合之处，不可否认，子书叙事关心的主题也多为治国方略、经世之道，诸如德行、贤才，等等，而在表达时却有着与历史叙事不同的审美趋向。历史叙事受到官方叙事立场的影响，注重典重的风格，而出于寓道、教诲、说理、感召目的叙事的子书，其叙事者们则回避这种叙事的沉重感，力图使之更为亲切、

① 转引自曲春景、耿占春：《叙事与价值》，学林出版社 2005 年版，第 191 页。

② ［意］伊塔洛·卡尔维诺：《新千年文学备忘录》，译林出版社 2009 年版，第 6 页。

轻松。

不妨试举一例：

> 秦二世胡亥之为公子也，昆弟数人，诏置酒飨群臣。召诸子，诸子赐食先罢，胡亥下阶，视群臣陈履状，善者，因行践败而去。诸子闻见之者，莫不太息。及二世即位，皆知天下必弃之也。故二世惑于赵高，轻大臣，不顾下民，是以陈胜奋臂于关东，阎乐作乱于望夷。阎乐，赵高之婿也，为咸阳令，诈为逐贼，将吏卒入望夷宫，攻射二世，就数二世，欲加刃。二世惧，入，将自杀，有一宦者从之。二世谓曰："何谓至于此也？"宦者曰："知此久矣。"二世曰："子何不早言？"对曰："臣以不言，故得至于此；使臣言，死久矣。"然后二世喟然悔之，遂自杀。（《新序》）①

"过秦"是汉代的一个热点话题，书写秦始皇及秦二世的暴政是历史和子书著作所热衷的。我们看《史记·秦始皇本纪》中关于秦二世的叙述：

> 于是二世乃遵用赵高，申法令。乃阴与赵高谋曰："大臣不服，官吏尚强，及诸公子必与我争，为之奈何？"高曰……二世曰："善。"乃行诛大臣及诸公子，以罪过连逮少近官三郎，无得立者，而六公子戮死于杜。公子将闾昆弟三人囚于内宫，议其罪独后。二世使使令将闾曰："公子不臣，罪当死，吏致法焉。"将闾曰："阙廷之礼，吾未尝敢不从宾赞也；廊庙之位，吾未尝敢失节也；受命应对，吾未尝敢失辞也。何谓不臣？愿闻罪而死。"使者曰："臣不得与谋，奉书从事。"将闾乃仰天大呼天者三，曰："天乎！吾无罪！"昆弟三人皆流涕拔剑自杀。宗室振恐。群臣谏者以为诽谤，大吏持禄取容，黔首振

① 石光瑛校释，陈新整理：《新序校释》中，中华书局2009年版，第740~744页。

恐。……①

随后，又写到“右丞相去疾、左丞相斯、将军冯劫进谏”，劝谏二世罢修宫室，宽免徭役，二世将这些重臣责罚入狱，李斯被囚，其他两人自杀，写到各地起义军纷纷云涌的形势，赵高惧二世降罪，令阎乐射杀二世。《史记》中表现秦二世的刻薄寡恩，主要是通过叙述他残酷杀戮宗室、大兴土木而增加徭役、对劝谏的重臣肆意责罚等表现出其专断横暴。而《新序》中则用了一个典型的细节表现出来，“胡亥下皆视群臣陈履状，善者，因行践败而去。诸子闻见之者，莫不太息”。这只是一个很小的日常生活场景，却从中可以见出胡亥为人的忌刻、骄横，连“陈履状善”者都不能容忍，必“践败”而后去，其后他在定夺国事上的横暴专断就可想而知。因而，《新序》并没有如《史记》中那样详细地叙述二世在政治上的具体作为以及当时的政治状况。又，在写二世败亡时，《史记》详细地叙述了阎乐如何逼杀二世，而《新序》则着重撷取了宦者与二世的对话，宦者早知结果如此却不敢说出，因为如果说出来早就丧命了，正是由于二世是一个残忍而专断的人，才有此结果，这里与前面二世为公子时“践履而去”形成了鲜明的对比。我们可以看到，同样是写秦二世的残暴，《史记》中详细叙述了二世如何诛杀宗室、残害大臣，以及实施一系列暴政，最后被赵高、阎乐杀死，而《新序》中则主要通过叙述秦二世为公子时“践履”以及临死与宦者的对话两个细节来表现，尤其是对“践履”一事的叙述，虽然是生活化的情节，却深刻地体现出二世的暴戾性情，预示了其后来败亡的命运，可谓见微知著，《新序》没有如史书那样选择叙述重大史实，而是选择较为生活化的场景，从而避免了叙事的沉重感，同时，由于以小见大，也蕴含了丰富内在意涵。

《韩诗外传》中一则叙事值得我们关注：

① 《史记》卷六，中华书局 2013 年版，第 336 页。

鲁监门之女婴相从绩，中夜而泣涕。其偶曰："何谓而泣也?"婴曰："吾闻卫世子不肖，所以泣也。"其偶曰："卫世子不肖，诸侯之忧也，子曷为泣也?"婴曰："吾闻之，异乎子之言也。昔者宋之桓司马得罪于宋君，出奔于鲁，其马佚而𨈭吾园，而食吾园之葵。是岁，吾闻园人亡利之半。越王勾践起兵而攻吴，诸侯畏其威。鲁往献女，吾姊与焉。兄往视之，道畏而死。越兵威者吴也，兄死者，我也。由是观之，祸与福相及也。今卫世子甚不肖，好兵，吾男弟三人，能无忧乎?"《诗》曰："大夫跋涉，我心则忧。"是非类与乎?①

有学者指出，这则故事涉及当代人所熟知的"蝴蝶效应"，一个鲁国监门之女，竟然为卫国世子不肖中夜而泣，而她确有其道理，国与国之间、上层统治者之间的冲突矛盾确实通过一系列连锁反应，实实在在地影响到每个普通百姓的生活。那么，反过来，通过一些看似平常的生活场景和事件，也能反映出国家天下治乱之由，这正是子书叙事的逻辑，它讲述的是一些看似琐碎、杂乱的"小"故事，然而却也不失为叙事者劝诫世人寄寓治世之道的一种方式。

概言之，子书叙事在审美上追求的是一种"片断性"风神，这种"片断性"不仅体现在结构上，也体现在内容上。在叙事上，它有相对稳定的结构，以背景、人物语言、结尾几种要素为主，其中突出的是人物语言。这种叙事结构受到语类史书的影响，对叙事的审美风格产生了较大影响。相较于史书叙事注重结构的完整性、系统性，与追求包举宇内、网罗放佚、整饬宏大的审美不同，子书叙事往往撷取人物言行中具有智慧光芒的一点或闪烁历史智慧的细节，从而呈现出轻逸的效果。子书叙事的这种审美风格，在魏晋南北朝小说中得到了进一步发扬。

① 许维遹校释：《韩诗外传集释》，中华书局1980年版，第33页。

附录一　汉初子书叙事的赋化特征

——以《淮南子》为例

西汉初年赋作盛行，而春秋战国时期就已兴起的诸子之书此时在新的时代条件下焕发出别样光彩。本部分试图从文体比较的视角出发，对《淮南子》与辞赋进行比较，认为《淮南子》在叙事上表现出赋化的特征。具体地，表现在：第一，叙事方式上的铺排。这种特点表现在，其一是按照严谨的法度来排列、铺叙不同的事情，其二是对细节的铺陈性描述。第二，叙事内容和表现手法上追求夸诞。第三，叙事形式的赋化，即语句的整饬、韵律感以及辞采上的艳泽。《淮南子》在叙事上的赋化，从作者文化素质、学术文化环境等外部因素来看，首先是由于作者对辞赋的爱好，谙熟赋家叙事的手法；其次，与淮南集团的学术倾向和文化特点有关，“辩博”“融通”的学术文化气质有助于他们融合不同文体的写作优长。从文体内部角度来看，首先，由于西汉时期的文化和文学生态环境对赋这一文体的高度推崇，赋的文体功能和价值对于《淮南子》而言，有借鉴和吸收的魅力；其次，子书叙事的文体传统，诸如叙事内容的虚构性、叙事形式上可以一定程度地讲究辞采等，使得赋叙事与子书叙事在文体上有可以沟通之处，相反，史家叙事若辞赋化则会招致严厉的批评，这与它们各自的叙事传统有关。

一

《淮南子》是西汉子书中的皇皇巨著，长期以来，学者们对它的研究集中在其精深的哲学思想上，事实上，《淮南子》中也有丰富多彩、摇曳生姿的叙事成分，学界对其的研究多从它文本内部叙事要素的分析展开，或者探讨其叙事内容、结构、逻辑、状貌上的特点，[①] 或者从情节、人物等方面探讨它对后世小说的影响。本部分主要从不同文体的相互影响和渗透这一视角出发，对《淮南子》与赋进行比较，认为《淮南子》在叙事上明显表现出赋化的特征。

首先，我们对《淮南子》中的叙事按照不同的叙事方式特点进行分类，可以分为两大类：一类是“描写性叙事”，其特点是“描写”压倒“叙事”。例如：

(一)往古之时，四极废，九州裂，天不兼覆，地不周载；火爁炎而不灭，水浩洋而不息；猛兽食颛民，鸷鸟攫老弱。于是女娲炼五色石以补苍天，断鳌足以立四极，杀黑龙以济冀州，积芦灰以止淫水。(《览冥训》)

(二)昔者王良、造父之御也，上车摄辔，马为整齐而敛谐，投足调均劳逸若一；心怡气和，体便轻毕；安劳乐进，驰骛若灭；左右若鞭，周旋若环，世皆以为巧，然未见其贵者也。(《览冥训》)[②]

前一则是许多小说史选本会选入的叙事段落，后一则是常被征引、为人熟知的典故，然而，我们仔细分析发现，叙述“女娲补天”这一情节的文字，仅仅是“于是女娲炼五色石以补苍天，断鳌足以立四极，杀黑龙以济冀州，积芦灰以止淫水”这几句，前面“往古之时，四极废，九州裂，天不兼覆，地不周载，火爁炎而不灭，水浩洋而不息，猛兽食颛民，鸷鸟攫老弱”是在描述女娲补天之前世间的情况。“王良、造父御车”与其说是在写王良、造父驾车这件事，毋宁说更多是对其精湛驾车技艺、境界的描述。

① 薛秀昇：《〈淮南子〉叙事要素研究》，《西南农业大学学报》2006年第2期。
② 陈广忠校点：《淮南子》，上海古籍出版社2016年版，第145、143页。

总之，这一类叙事情节并不那么丰富、曲折，然而，在描写中我们也可以看出它其中确实包含了叙事成分。

一类是“情节性叙事”。这类叙事的特点是，由人物的语言、行为以及由此展开的事件情节构成叙事内容的主体。这类叙事情节最为丰富、曲折，人物形象也较生动，如有的学者所言，其叙事“直似笔记”，与后世笔记小说相差无几：

> 楚将子发好求技道之士。楚有善为偷者，往见曰：“闻君求技道之士，臣偷也，愿以技赍一卒。”子发闻之，衣不给带、冠不暇正，出见而礼之。左右谏曰：“偷者，天下之盗也。何为之礼！”君曰：“此非左右之所得与。”后无几何，齐兴兵伐楚，子发将师以当之，兵三却。楚贤良大夫，皆尽其计而悉其诚，齐师愈强。于是市偷进请曰：“臣有薄技，愿为君行之。”子发曰：“诺”。不问其辞而遣之。偷则夜解齐将军之幬帐而献之。子发因使人归之。曰：“卒有出薪者，得将军之帷，使归之于执事。”明又复往，取其枕，子发又使人归之。明日，又复往取其簪。子发又使归之。齐师闻之，大骇。将军与军吏谋曰：“今日不去，楚军恐取吾头。”则还师而去。故曰“无细而能薄，在人君用之耳”。故《老子》曰：“不善人，善人之资也。”(《道应训》)①

其情节波澜迭起，“夜解齐将军之幬帐”，“明又复往，取其枕”，“明日，又复往取其簪”，层层推进，引人入胜，唐传奇《红线女》在情节上与之非常相似，很有可能就是借鉴于此。而子发的求贤若渴，市偷的巧猾，齐国军吏的惶恐也跃然纸上。

在以往的研究中，学者多就“情节性叙事”展开，分析它的小说因素及其与小说发展的关系，诚然，在上述两种叙事中，就现代叙事的一般标准而言，“情节性叙事”情节更为丰富，人物形象更为生动，而就我国古代文

① 陈广忠校点：《淮南子》，上海古籍出版社2016年版，第294页。

体的叙事传统而言，“描写性叙事”受到赋叙事濡染的痕迹更重一些，“赋作为最有中国民族特色的一种文学体裁，它恰属于用叙事辅助描写的体裁，赋本身不是要像叙述体裁那样以叙事为主，而是以事为背景，以抒写自己的情怀与志向为宗旨，所以就造成赋文中以描写为主、以叙事为辅的格局。叙述是为了引出描写，或是为了更好地去描写。在赋作中，叙述担任起了‘配角’，而描写才是真正的‘主角’”①。

与此相似，叙事在《淮南子》中虽然占有重要地位，但也不是“主角”，其目的是辅助作者说理，《要略》中清楚指出，其终极指向是“所以纪纲道德，经纬人事，上考之天，下揆之地，中通诸理”，也就是“言道”。而这经天纬地的大道如果只依赖于议论说理，恐一般人难以接受，“惧为人之惛惛然弗能知也。故多为之辞，博为之说。又恐人之离本就末也，故言道而不言事，则无以与世浮沉；言事而不言道，则无以与化游息”。可见，叙事本身不是目的，只是为了更好地传达大道，是言理的一种方式，那些“多为之辞，博为之说”的叙事中允许并且应该呈现出自由、多元的样态。“描写性叙事”同赋叙事一样，是体现民族化特点的叙事，不能因情节性不足而忽视它们的价值，并且，它们正反映了在西汉辞赋方兴未艾的文学生态中，在这种文学历史的洪流中，叙事所呈现的时代性面貌。

二

接下来，我们要分析，《淮南子》赋化特征的具体表现，即，《淮南子》在哪些方面表现出与汉赋相似之处。

第一，叙事方式上的铺排。铺排，是辞赋，尤其是西汉大赋的重要特点。朱熹在《诗集传》中释“赋”字的含义时有个经典的定义，“赋者，敷陈其事直言之也”②，这是就表现手法而言，而这一特点也确实影响了作为文

① 史学荣：《赋的叙事特征》，《新乡教育学院学报》2009年第2期。
② （宋）朱熹注，洪兴祖补注：《诗集传》，岳麓书社1989年版，第3页。

体的“赋”，刘勰说，“赋者，铺也，铺采摛文，体物写志也”(《文心雕龙·诠赋》)。“赋”的铺排不是随意的堆砌，《西京杂记》中记载了赋家宗师司马相如的一个比喻，“合綦组以成文，列锦绣而为质，一经一纬，一宫一商，此赋之迹也”①，赋叙事也确如组练经纬，有谨严的法度和秩序，最常见的是按照空间方位和时间推移的顺序进行铺叙，从中透出人物活动的行迹，如枚乘《梁王菟园赋》中写游乐，以“日移乐衰”“极欢到暮”等时间性的提示词来写白天打猎、暮游西园、夜晚宴乐，逻辑清楚。司马相如《子虚赋》《上林赋》中以“其南”“其西”“其北”为线索进行铺叙，更是确立了汉赋中利用空间关系，尤其是四方铺叙模式的传统。

《淮南子》也表现出近似汉赋铺排的气质，其一，按照严谨的法度来排列、铺叙不同的事情。研究者指出，《淮南子》具有“运文法度的时空性”：“诚然，这个特征在汉大赋中表现最为强烈，但颇具骚体赋痕迹的《淮南子》已显露端倪，可视为是审美趣味趋同性的表现。所谓时空性，是指运笔追求时间、空间上的排列组合，对物象进行全方位、多角度的描绘。关于时间性，如《俶真训》自无有开始，既之大治之世、至德之世、衰世，至伏羲氏之世、神农黄帝之世、昆吾夏后之世，一直到周室之衰，历时性编织人类历史的演变发展。再如《修务训》一开始就以神农、尧、舜、禹、汤五代为序，阐明五位仁君‘有为’的壮举，脉络清晰。”②

这段话中，其实谈到了《淮南子》叙事铺排的特点，所谓的“排列组合”“编织”，其实就是叙事者有意按照一定的秩序将许多内容集中铺列开来，逐一叙述。如上文所谈到的，按照时空的线性顺序来铺陈，例如《览冥训》：

往古之时，四极废，九州裂，天不兼覆，地不周载；火爁炎而不灭，水浩洋而不息；猛兽食颛民，鸷鸟攫老弱。于是女娲炼五色石以

① 吕壮译注：《西京杂记译注》，上海三联书店2018年版，第99页。

② 孙纪文：《〈淮南子〉研究》，学苑出版社2005年版，第234页。

补苍天，断鳌足以立四极，杀黑龙以济冀州，积芦灰以止淫水……

逮至夏桀之时，主暗晦而不明，道澜漫而不修；弃捐五帝之恩刑，推蹶三王之法籍。是以至德灭而不扬，帝道掩而不兴；举事戾苍天，发号逆四时；春秋缩其和，天地除其德；仁君处位而不安，大夫隐道而不言；群臣准上意而怀当，疏骨肉而自容；邪人参耦比周而阴谋，居君臣父子之间而竞载；骄主而像其意，乱人以成其事……

晚世之时，七国异族；诸侯制法，各殊习俗；纵横间之，举兵而相角；攻城滥杀，覆高危安；掘坟墓，扬人骸；大冲车，高重京；除战道，便死路；犯严敌，残不义；百往一，反名声苟盛也……

逮至当今之时，天子在上位，持以道德，辅以仁义，近者献其智，远者怀其德；拱揖指麾，而四海宾服；春秋冬夏，皆献其贡职；天下混而为一，子孙相代，此五帝之所以迎天德也……①

从“往古之时”鸿蒙开辟，女娲补天，到“夏桀之时”民不聊生，又到“晚世之时”纷纷战乱，再到“当今之时”四海升平，按照时间顺序详加铺叙，对各个时代社会发展的情况加以对比性地陈述，以阐发蕴含在对历史发展观照中的对“道”的体认。

还有一种情况，即作者按照叙事内容的性质将不同事情排列在一起加以铺陈。如《修务训》：

昔者谢子见于秦惠王，惠王说之，以问唐姑梁。唐姑梁曰：“谢子，山东辩士，固权说以取少主。”惠王因藏怒而待之。后日复见，逆而弗听。非其说异也，所以听者易。

夫以徵为羽，非弦之罪；以甘为苦，非味之过。楚人有烹猴而召其邻人，以为狗羹也而甘之。后闻其猴也，据地而吐之，尽写其食。此未始知味者也。

① 陈广忠校点：《淮南子》，上海古籍出版社2016年版，第145~150页。

邯郸师有出新曲者，托之李奇，诸人皆争学之。后知其非也，而皆弃其曲。此未始知音者也。

鄙人有得玉璞者，喜其状，以为宝而藏之。以示人，人以为石也，因而弃之。此未始知玉者也。

故有符于中，则贵是而同今古；无以听其说，则所从来者远而贵之耳。此和氏之所以泣血于荆山之下。①

一连排列了“谢子见黜于秦惠王”“楚人烹猴待邻人”“邯郸人学曲”“鄙人得玉璞”四个故事进行叙事，它们不是杂乱无章的随意陈列，而是有着共同的内在逻辑，即都说明了“有符于中，则贵是而同今古；无以听其说，则所从来者远而贵之耳”这个道理，叙事者不厌其烦地铺排一个又一个故事，正是为了让这些生动传神的叙事来打动读者，阐发和印证所要传达的道理。

其二是对细节的铺陈性描写。如前文所述，赋叙事是以描写为主、以叙事为辅的格局，有时甚至因为描写太过而使得叙事被湮没其中。重视细节描写，是赋的一大特点，“体物”是赋的重要目的，要做到“品物毕图”，必得“拟诸形容，言务纤密”②，运用各种修辞手法对事物的细节进行详尽、生动的描绘。

试看《长杨赋》中叙述秦末战乱、汉高祖争夺江山：

昔有强秦，封豕其土，窫窳其民，凿齿之徒相与摩牙而争之，豪俊麋沸云扰，群黎为之不康。于是上帝眷顾高祖，高祖奉命，顺斗极，运天关，横钜海，漂昆仑，提剑而叱之，所过麾城摲邑，下将降旗，一日之战，不可殚记。当此之勤，头蓬不暇梳，饥不及餐，鞮鍪

① 陈广忠校点：《淮南子》，上海古籍出版社2016年版，第497~498页。

② （南朝梁）刘勰著，郭晋稀注译：《文心雕龙》，岳麓书社2004年版，第67页。

生虮虱，介胄被沾汗，以为万姓请命乎皇天。①

为表现战事之艰苦，特别以“头蓬不暇梳”“鞮鍪生虮虱”“介胄被沾汗”等富于代表性的细节加以描述。同样是写战乱，《淮南子》中写战国动乱时世：

是故质壮轻足者为甲卒千里之外，家老羸弱凄怆于内；厮徒马圉，軵车奉饷，道路辽远，霜雪亟集，短褐不完，人羸车弊，泥途至膝；相携于道，奋首于路，身枕格而死。所谓兼国有地者，伏尸数十万，破车以千百数，伤弓弩矛戟矢石之创者扶举于路。故世至于枕人头，食人肉，菹人肝，饮人血，甘之于刍豢。(《览冥训》)②

这一段主要叙写战国诸侯相争的纷乱惨况，为了表现乱世的民不聊生，也描写特定的细节：“短褐不完，人羸车弊，泥途至膝，身枕格而死”，这些细节的描摹就如同一幅幅鲜活画面的呈现，具有很强的典型性和感染力。也许正因为细节描写有着这种强烈的渲染力，更容易给人留下鲜明的印象而打动人，更容易以感性的力量说服人，所以在《淮南子》这样以宣道说理为要义的子书中也有着广泛的运用。

第二，叙事内容和表现手法上追求夸诞。诞，即虚诞，夸，即夸张，不仅仅是指内容上的虚构性，更重要的是表现手法上的夸张。自先秦以至西汉，涉及叙事的文体主要有史传、子书以及诗赋，史传叙事追求“信史”的效果，因而力求真实，具有叙事性的乐府诗追踪的是以关怀现实为特点的“风雅”传统，子书叙事中虽有一定想象和虚构的内容存在，但一般也是有目的、有限度的，总的来看，它们的文体传统绝不主张“夸诞”，以此为

① (汉)扬雄：《长杨赋》，《全上古三代秦汉三国六朝文》第一册，河北教育出版社 1997 年版，第 725 页。

② 陈广忠校点：《淮南子》，上海古籍出版社 2016 年版，第 149 页。

特点的，只有辞赋。“庄列等哲学家，借用虚构的故事来阐发某种理论”，而“屈宋等辞赋作家，以虚构的情境来承载‘体物而浏亮’的文辞”①，因而在子书叙事中，虚构一般谨慎、有限得多，除开刻意编撰的寓言，若要凭借叙事使人信服理论，所叙之事务必要“于理有之”，不能过于荒诞不经。赋体叙事则不然，它旨在承载绚丽文辞，只要有助于这一目的，叙事是实是虚，是合理是荒诞，并不十分介意，甚至，有时候，越是想落天外、不可思议的夸诞境界越有助于隽丽情思和文采的发挥。为了夸耀博物和文辞，有时候写游猎则神话中的珍禽异兽都出来活动，写宫室则蛟龙螭怪都与人为伴，“什么都被拉牵上去了，不问是否合于实际”②。

《文心雕龙·夸饰》篇在追溯夸饰这种表现手法的发展历程时，说到“自宋玉、景差，夸饰始盛。相如《子虚》，诡滥愈甚”③。无独有偶，运用“夸饰”的鼻祖和大师，都是辞赋作家。

赋体叙事的“夸诞”是“验理则理无可验，穷饰则饰尤未穷”(《文心雕龙·夸饰》)的，极具浪漫主义色彩。具体表现在，不仅运用大量神话和历史传说故事，使得篇章弥漫着想象恢诡的氛围，更善于以夸张、对比种种手法追求“发蕴而飞滞，披瞽而骇聋”的超越现实、令人震惊的浪漫意境。且看：司马相如《上林赋》云：“于是乎离宫别馆，弥山跨谷。……奔星更于闺闼，宛虹拖于楯轩。青龙蚴蟉于东箱，象舆婉僤于西清。”④流星疾奔于馆阁之中，长虹摇曳于栏槛之间，珍禽异兽在房中腾跃。扬雄《羽猎赋》：“章皇周流，出入日月，天与地沓……外则正南极海，邪界虞渊。鸿蒙沆茫，碣以崇山。”⑤而在《淮南子》中，我们也可以看到：

---

① 陈文新：《论先秦时代的三种叙事类型》，《文学评论》2005年第5期。

② 郑振铎：《插图本中国文学史》，中国文联出版社2009年版，第66页。

③ (南朝梁)刘勰著，郭晋稀注译：《文心雕龙》，岳麓书社2004年版，第373页。

④ (清)姚鼐纂集，胡士明、李祚唐标校：《古文辞类纂》，上海古籍出版社2016年版，第722页。

⑤ 龚克昌等评注：《全汉赋评注》，花山文艺出版社2003年版，第331页。

昔者师旷奏《白雪》之音，而神物为之下降，风雨暴至，平公癃病，晋国赤地。庶女叫天，雷电下击，景公台陨，支体伤折，海水大出。

鲁阳公与韩构难，战酣日暮，援戈而撝之，日为之反三舍。(《览冥训》)

赵王迁流于房陵，思故乡，作为《山水》之讴，闻者莫不殒涕。荆轲西刺秦王，高渐离、宋意为击筑而歌于易水之上，闻者莫不瞋目裂眦，发植穿冠。(《泰族训》)①

《淮南子》中“神话、传说、寓言、故事等方法的运用，使文本具有很强的斑斓色彩”，“文采缤纷，想象奇特，洋溢着整合思维下文本所具有的神奇飘渺的气息”，同时，“夸张、渲染、虚拟等表现技法，无疑也具有神奇的表达效果”，“特别是浸染于道家文化中的诸子散文，尤擅长这些技法。《庄子》《列子》无不如此。《淮南子》本与这二子有着亲缘关系，自然秉承了此等技法的优长，加之集百家手法之大成，运笔自成风流”②。在所引段落中，我们可以看到，飘风暴雨、挥戈逐日等所表现出的浪漫主义色彩，与赋体叙事中的夸诞有相似之处。

第三，叙事形式的赋化，语句的整饬、韵律感以及辞采上的艳泽。追求“声采”，是赋叙事形式上的特点，“声”即句式的参差整饬，声韵协和。赋发展到魏晋南北朝时期的“骈赋”，在声律、俪偶的讲求上达到极致，此前的辞赋虽然没到那种程度，但也在形式上表现出了类似的特点，相比于其他散文体，确实更注重对偶、韵律等形式方面的和谐美。“采”即文辞的华丽，尤其是文辞中表现出的色彩艳丽、色泽灿烂，“如组织之品朱紫，画绘之著玄黄”：

① 陈广忠校注：《淮南子》，上海古籍出版社2016年版，第135~136页，第522页。

② 孙纪文：《〈淮南子〉研究》，学苑出版社2005年版，第233页。

> 轊白鹿，捷狡兔，轶赤电，遗光耀，追怪物，出宇宙，弯蕃弱，满白羽，射游枭，栎蜚遽。(《上林赋》)
>
> 靡日月之朱竿，曳彗星之飞旗。青云为纷，红蜺为缳，属之乎昆仑之虚，涣若天星之罗，浩如涛水之波……(《羽猎赋》)①

《淮南子》的辞采之美，前人多有所论述，如刘勰《文心雕龙·诸子》称“《淮南》采泛而文丽，斯则得百氏之华采，而总辞气之大略也”②，刘熙载《艺概》称“《淮南子》连类喻义，本者《易》与《庄子》，而奇伟宏富，又能自用其才，虽使与先秦诸子同时，亦足自成一家之作”(《艺概》)。在修辞方面，《淮南子》与赋的形式也大有相似之处，且看：

> 若夫钳且、大丙之御，除辔衔，去鞭弃策，车莫动而自举，马莫使而自走也，日行月动，星耀而玄运，电奔而鬼腾，进退屈伸，不见朕垠；故不招指、不咄叱，过归雁于碣石，轶鹍鸡于姑余；骋若飞，骛若绝；纵矢蹑风，追猋归忽；朝发榑桑，日入落棠……(《览冥训》)
>
> 当此之时，风雨不毁折，草木不夭，九鼎重味，珠玉润泽，洛出《丹书》，河出《绿图》。故许由、方回、善卷、披衣得达其道。……逮至夏桀、殷纣，燔生人，辜谏者，为炮烙，铸金柱，剖贤人之心，析才士之胫，醢鬼侯之女，菹梅伯之骸。当此之时，峣山崩，三川涸，飞鸟铩翼，走兽挤脚。(《俶真训》)③

日月星耀，电闪风驰，丹书绿图，金柱碣石，不可谓辞采无艳泽，三字句急而骤，气势腾腾，四字五字句排比，整饬凝练，颇加修饰，具有文采艳丽的形式之美，称得上文词秾丽，有赋家余韵。

① 费振刚等校注：《全汉赋校注》上，广东教育出版社 2005 年版，第 90、255 页。

② 陈广忠校点：《淮南子》，上海古籍出版社 2016 年版，第 158 页。

③ 陈广忠校注：《淮南子》，上海古籍出版社 2016 年版，第 50~51 页。

三

《淮南子》的作者问题，历来存在争议，大致有两种意见，一种认为是淮南王刘安自作，一种认为是淮南王及宾客集体创作。我们看到，无论是淮南王刘安还是其门下宾客，都对辞赋深为喜好。

“据《汉书》记载，编纂《淮南子》的门下客，主要是苏飞、李尚、左吴、田由、雷被、毛被、伍被、晋昌等八人，号曰八公。他们不仅辩博多才，而且善为辞赋。《汉书·艺文志》载：‘淮南王赋八十二篇。淮南王群臣赋四十四篇。淮南歌诗四篇。’刘安及其门客的辞赋，约占屈原赋类的三分之一，可惜流传至今的只剩一篇骚赋《招隐士》。东汉王逸《楚辞章句》注此赋说：‘《招隐士》者，淮南小山之所作也。昔淮南王安，博雅好古，招怀天下俊伟之士，自八公之徒，咸慕其德，而归其仁，各竭才智，著作篇章，分造辞赋。’足见创作之盛。”①

可见，淮南王刘安及其门下宾客文人本身具有创作辞赋的能力和兴趣，而从他们被载入史册的作品数量和评价来看，甚至还可以说具有辞赋家的文化身份。这一创作群体的赋家化，使得他们将赋的创作手法融入《淮南子》的写作中成为了可能。

《淮南子》的创作与汉初藩国学术繁荣发展的史实密切相关，甚至可以说，它就是当时淮南集团学术思想的结晶。作为文本的《淮南子》是在怎样的学术、文化思想濡染的氛围中创作出来的，对它的文体形成、文本面貌有着重要影响。

西汉初文化发展的历史过程中，诸侯国文化繁盛一时，在时间上，其与各诸侯国实力消长相符合，从汉高祖分封诸侯国开始就已萌芽，文、景时最为活跃，随着武帝削藩举措的实施而逐渐衰落。并且，诸侯国文化发展呈现出明显的地域性特征。大体而言，汉初影响较大的藩国文化集团有

① 孙纪文：《〈淮南子〉研究》，学苑出版社2005年版，第229页。

四个：河间王集团、梁孝王梁园集团、吴王刘濞集团、淮南王刘安集团。①各个文化集团在文化兴趣和发展方向上表现出不同的倾向，河间王集团重儒术，致力于儒家典籍的整理和传承，“修礼乐，被儒术，造次必于儒者”（《汉书·河间献王传》），吴王集团以辞赋等文艺创作为胜，“招致天下之娱游子弟，文辞并发”（《汉书·地理志》），唯有淮南王集团，以学术上的辩博、融通著称，《汉书·景十三王传》称：“淮南王安逸好书，所招致率多浮辩。”《汉书·蒯伍江息夫传》称：“是时淮南王安好术学，折节下士，招致英隽以百数。”②

可见，与其他诸侯王相比，淮南王既不执着于某一家学术思想的传承，也不局限于以文艺为娱乐目的，而是广收泛览，博采众长，有着严肃的学术和文化创造的雄心，他重视和招揽的也多是“浮辩”的“游士”。一方面，淮南作为“本吴、粤与楚接比，数相并兼”（《汉书·地理志》），各种思想文化交融的“都会”之地，形成比较开放兼容的地域文化，辩博、融通的学术理念，不拘一格、标新立异，与其他藩国在文化上争胜。这样的文化环境和氛围，无疑为《淮南子》在创作上融合不同文体的优长提供了有利条件。《汉书·地理志》云：“寿春、合肥受南北湖皮革、鲍、木之输，亦一都会也。……而淮南王安亦都寿春，招宾客著书。”③一方面，淮南王大力招致的是多少还带着战国策士纵横辩博之气的“游士”。《史记·淮南衡山列传》云：“积金钱赂遗郡国诸侯游士奇材。诸辩士为方略者妄作妖言，谄谀王，王喜，多赐金钱……”④“率多浮辩”的游士纵横捭阖的说辞与赋体铺张扬厉的风格相近，自章学诚以至近世，有论赋学者将赋的起源追溯至纵横家，如刘师培《论文杂记》所说，“欲考诗赋之流别者，盍溯源于纵横家哉”⑤。这种观点尚有较多争议，然而换一个角度看，纵横之士与赋

① 马庆洲：《淮南子考论》，北京大学出版社2009年版，第40~41页。
② 《汉书》卷四十五，中华书局1962年版，第2167页。
③ 《汉书》卷二八下，中华书局1962年版，第1668页。
④ 《史记》卷一一八，中华书局2013年版，第3720~3721页。
⑤ 刘师培：《论文杂记》，《刘申叔遗书》，1934年宁武南氏校印本。

家，一是以铺陈滔滔言辞、夹叙夹议说服人主，一是以铺张扬厉的敷陈物事取悦人主，在博览铺张的文学气质上他们有相似之处。

从文体方面看，首先，赋在西汉时期的文体价值和功能，与政治关系密切，汉代文化和文学生态环境对赋这一文体是高度推崇的，可以说，赋在西汉文学文体价值序列中是排前列的，因此对别的文体而言，才有让其吸收、借鉴的影响力。赋在汉代的兴起同时也是在它逐渐蜕变为“庙堂文学”的过程，西汉皇室贵族多好辞赋，汉武帝尤甚，西汉初期辞赋的作者多数是皇帝或诸侯王身边的近臣。子书以说理为宗，其文体的价值和功能就在于传达知识和道理，可以想见，为了更容易地实现这一目标，对接受对象投其所好，是完全合情合理的。据日本学者池田知久的考证，淮南王在景帝驾崩、武帝即位的同时，想起《淮南子》的编纂，“以在此之前书写的部分为基础，仅仅添加若干，用两年时间匆忙地整理完成，满怀希望地把它作为礼品于建元二年入朝”①。《汉书·淮南衡山济北王传》记载：“时武帝方好艺文，以安属为诸父，辩博善为文辞，甚尊重之。每为报书及赐，常召司马相如等视草乃遣。初，安入朝，献所作《内篇》，新出，上爱秘之。使为《离骚传》，旦受诏，日食时上。又献《颂德》及《长安都国颂》。每宴见，谈说得失及方技赋颂，昏莫然后罢。”②既然是作为“礼品”，既然要迎合“好艺文”的武帝，既然要让这部讲述高深莫测的天下大道的子书为天下人所接受，就不可能不顾及他所处的时代对于各种文体的接受好尚。值得注意的是，武帝因刘安的“辩博善为文辞”而格外尊重他，与之谈说的内容，是“得失”与“赋颂”相提并论，这是一个值得注意的信号，“得失”是子书谈说的题中之义，“赋颂”能令人有“飘飘凌云”审美感受，文道相参，义理与审美结合，这一直是中国传统审美理想，而在“曾经消耗了这三百年的天才们的智力”，“给予我们以若干宏丽精奇的著作”的“辞赋时

① 池田知久：《从〈史记〉〈汉书〉看〈淮南子〉的成书年代》，《湘潭大学学报》1998年第2期。

② 《汉书》卷四十四，中华书局1962年版，第2145页。

代”①，子书沾染上赋的表现手法，以道的精微大义结合赋的精奇之美，也是不足为奇的。

如果说，前面分析的是对《淮南子》而言，赋这一文体是否有借鉴的魅力和价值，可不可能借鉴其创作手法的问题，那么还要看可不可以借鉴的问题。从文体书写的规范角度出发，我们认为，子书叙事的特点，诸如叙事内容的虚构性、叙事形式上可以一定程度地讲究辞采等，使得赋和子书在叙事上有可以沟通之处，相反，史家叙事若辞赋化则会招致严厉的批评，这与它们各自的叙事传统有关。

《昭明文选》对赋按照内容进行了分类，我们看到，有“畋猎”“纪行”“游览”“物色”“鸟兽”“情”，等等，抛开较纯粹的抒情及写自然风物的赋不谈，涉及叙事情节的，其中有两类值得我们注意，一类是叙写艳情，如《高唐赋》《洛神赋》《登徒子好色赋》，可以看出，其内容大部分是出于虚构，它们往往利用神话传说或者作者臆造的事件，有意识地进行情节上的虚构，虚拟人物，这被看作赋叙事性的重要表现方式；还有一类是“假象尽辞，敷陈其志”的寓言赋，既有借自然界中鸟兽的故事来映射、讽刺社会现实的，如西汉无名氏的《神乌赋》、赵壹的《穷鸟赋》、曹植的《鹞雀赋》、傅玄的《鹰兔赋》等，也有写“人与其它事物之间的故事，这些事物可能是某种动物，如贾谊《鵩鸟赋》；或者是某种事物形态，如扬雄《逐贫赋》；也有可能是某种非生命物质，如张衡《髑髅赋》、左思《白发赋》”②，它们虚构的成分更多。子书叙事的传统是否容许有类似的情况存在？《文心雕龙·诸子》篇给出了答案，它指出了子书中客观存在着虚构的事实，“若乃汤之问棘，云蚊睫有雷霆之声；戴晋对梁王，云蜗角有伏尸之战；《列子》有移山跨海之谈，《淮南》有倾天折地之说”③，无独有偶，子书也频见以神话、历史传说为蓝本的叙事情节，也有作者精心编制的寓言，刘勰虽然

---

① 郑振铎：《中国文学史》，吉林出版集团股份有限公司2016年版，第67页。

② 刘湘兰：《论赋的叙事性》，《学术研究》2007年第6期。

③ （南朝梁）刘勰著，郭晋稀注译：《文心雕龙》，岳麓书社2004年版，第153页。

对此并不鼓励，“是以世疾诸子，鸿洞虚诞”，但又说“殷《易》如兹，况诸子乎”，默许的态度是明显的，在虚构性这点上赋叙事和子书叙事是可以沟通的。

《文心雕龙·诸子》篇在梳理子书经典作品时说：“研夫孟、荀所述，理懿而辞雅；管、晏属篇，事核而言练；列御寇之书，气伟而采奇；邹子之说，心奢而辞壮；墨翟、随巢，意显而语质；尸佼、尉缭，术通而文钝……情辨以泽，文子擅其能；辞约而精，尹文得其要；慎到析密理之巧，韩非著博喻之富，吕氏鉴远而体周，淮南采泛而文丽。斯则得百氏之华采，而总辞气之大略也。”①从中可以看出，诸子文章还是很重“文辞”的，虽然文辞风格各异，然而，显然人们并不排除，甚至还很欣赏“文丽”“华采”这种适度追求辞采的文章。就叙事而言，既有《孟子》《韩非子》中短小精悍的故事，注重逻辑、叙事简明、语言质朴，也有《庄子》《列子》中那些富于诗意的断章及情节相对丰富曲折、文思悠扬的长调，恢诡奇丽的意境，富于韵律感的语言，集叙事性和抒情性于一体。子书的使命，是使“治闻之士，宜撮纲要，览华而食实”(《文心雕龙·诸子》)，精微大义固然是子书的内质核心，而作为文章的子书，要想更好地传达大道，势必要在语言形式之美上花一番工夫，在文辞上让读者有“华”可览，赏心悦目才有好的接受效果，否则“术通而文钝”，最终会在诸子争雄中湮没无闻。

如果史家叙事采取了赋叙事的虚构和艳丽辞采，后果是会招致严厉的批评。其一，如上文所述，赋叙事在内容上要么多采神话传说为依托，要么是虚构的寓言，而史书所关心的是现实社会，是人世变迁，所以自然排除虚渺不经的神话，并且史书重事实，连无从考证的材料入史尚且遭到非议，更毋论虚构。其二，史书叙事遵循“撰述欲其简”的原则，史学家刘知幾在《史通·叙事》篇中赞成叙事要“务却浮词”，特别批评了叙事“芜音累句，云蒸泉涌”，追求骈俪而“弥漫重沓”的现象②，因为过于注重文辞修

① (南朝梁)刘勰著，郭晋稀注译：《文心雕龙》，岳麓书社2004年版，第157~158页。

② (唐)刘知幾：《史通》，上海古籍出版社2008年版，第127页。

饰很可能导致史实被绚丽文辞所掩盖甚至扭曲的危险，这是史书叙事的大忌，《旧唐书·房玄龄传》在论唐修《晋书》时说："然史官多是文咏之士，好采诡谬碎事，以广异闻；又所评论，竞为绮艳，不求笃实，由是颇为学者所讥。"①史家叙事不可以与赋体叙事相容，从中可以看出端倪，对比之下，《淮南子》在叙事上能够表现出赋化特征，与子书的叙事传统是分不开的。

① 《旧唐书》卷六十六，中华书局 1975 年版，第 2463 页。

附录二　《红楼梦》与子部小说叙事

《红楼梦》是中国传统文学和文化的经典，在文学方面，其最直接的文体归属是明清章回小说，从题材内容来看，与之联系最密切的是人情小说，而从表现方式上看，《红楼梦》则明显表现出对传统章回小说的扬弃和超越，其中重要的一点，就是它越出传统章回小说审美藩篱，对中国传统文学中不同文体表现手法优长的吸收。在诗歌方面，《红楼梦》与"宫体诗"的关系已有所讨论①；在词曲方面，《红楼梦》与元杂剧、明清传奇如《西厢记》《牡丹亭》的关系，也被关注②；在小说方面，《红楼梦》对人情小说的继承和扬弃，对唐传奇的吸收都已被探讨③。作为中国文言小说的发端和重要组成部分，子部小说叙事传统与《红楼梦》的关系尚待进一步探索。

一、子部小说叙事传统

（一）"小说"观念的变迁及分类

中国文言小说从分类上看，大体分为笔记小说、传奇小说两大类，笔

---

① 参见陈文新：《〈红楼梦〉与宫体诗》，《东岳论丛》2007 年第 3 期；王怀义《〈红楼梦〉与传统诗学》，上海三联书店 2012 年版等论著。

② 参见徐大军连续发表的《〈红楼梦〉中〈西厢记〉的文学影响与文化影响》（《红楼梦学刊》2016 年第 5 期）、《〈红楼梦〉利用戏曲体制因素论略》（《红楼梦学刊》2011 年第 4 期）、《〈红楼梦〉与金批本〈西厢记〉》（《红楼梦学刊》2008 年第 3 期）；郭梅：《试论〈红楼梦〉对〈西厢记〉〈牡丹亭〉女性意识的继承和发展》，《南京师大学报》2005 年第 5 期等论著。

③ 参见陈文新、余来明：《从人物品格看〈红楼梦〉对人情小说传统的超越》，《红楼梦学刊》2004 年第 4 辑；詹丹：《〈红楼梦〉与中国古代小说再阐释》，上海古籍出版社 2014 年版。

记小说渊源于先秦诸子，盛于魏晋南北朝，传奇小说发源于唐代，自此以后，这两类小说如二水分流、双峰并峙，在中国文言小说史上交相辉映。然而，“笔记小说”这一概念近年来受到诸多检讨，因其名称并不能较好地概括出内涵丰富且内部差异较大的这一类小说的主要特征。①

事实上，我们可以从传统学术对“小说”的认知、分类经验中得到一些启发。对唐前“小说”观念影响最大的当属汉代班固《汉书·艺文志》。“小说”一语源自《庄子》中所说的“饰小说以干县令，其于大达亦远矣”，这也大致反映了先秦时代人们对“小说”的认识。这种认知延续到了汉代，并最终经由《汉书·艺文志》这一经典文本固化。

《汉书·艺文志》的说法是：“小说家者流，盖出于稗官。街谈巷语，道听途说者之所造也。孔子曰：‘虽小道，必有可观者焉，致远恐泥，是以君子弗为也。’然亦弗灭也。闾里小知者之所及，亦使缀而泥，是以君子弗为也。’然亦弗灭也。闾里小知者之所及，亦使缀而不忘。如或一言可采，此亦刍荛狂夫之议也。”②

值得注意的是，第一，“小说”是属于诸子系统的一类，其身份是“子部”之书，它有别于“史部”之书。二者的根本不同是，史部的功能是记载历史事实，而子部则是阐发思想观念。第二，小说是诸子的末流，也就是名、法、儒、墨、道、阴阳、纵横、杂、农诸家之外的诸子之说，《汉志》中著录了十五家小说，被评价为“浅薄”“依托”，据余嘉锡的解释，“依托”指的是有家法传承，也就是说，“小说”指的是那些没有学术流派传承的言论。

隋唐时期，“小说”观念发生了一些转变，主要变化就是“小说”身份在“子”“史”间徘徊，代表性观点有《隋书·经籍志》、刘知幾《史通》。刘知幾

---

① 参见程毅中：《略谈笔记小说的含义及范围》，《古籍整理研究学刊》1991年第2期；刘正平：《笔记辨体与笔记小说研究》，《杭州师范大学学报》2013年第6期；马兴波：《笔记小说概念批判与笔记作品的重新分类》，《广州大学学报》2014年第2期；陈文新：《论子部小说的文类特征》，《文学遗产》2016年第1期。

② 顾实：《汉书艺文志讲疏》，广文书局1970年版，第172页。

在《史通·杂述》中说："又案子之将史，本为二说。然如《吕氏》《淮南》《玄晏》《抱朴》，凡此诸子，多以叙事为宗，举而论之，抑亦史之杂也……"①实际是从叙事的角度出发将子部叙事的部分内容归为"杂史"，在他看来，小说是作为正史或可靠材料的对立面而存在的，他在评判史书的得失或价值时，往往把小说与他视为违反史家实录原则的著作划等号，即不实的史著就是"小说"。这样一来，显然将"小说"的身份与史部叙事联系起来，强调了其叙事的特征。最终，至清代纂修《四库全书》时，"小说"的概念得以总结、定型，《四库全书总目》将小说分为三类，即叙述杂事、记录异闻、缀辑琐语，实际上融汇了《汉志》与隋唐时期的观点，将"小说"定位归属于子部，也涵纳了杂史、杂传等具有史部叙事色彩的作品。

由于子部小说包含的内容较为丰富，在对其内部子类的划分上，也有不同的观点。从题材上看，"子部小说"大体分为"志怪""轶事"两类。"志怪"小说包括"搜神"体"博物体""拾遗体"三种，轶事小说则包括"世说体""笑林体""杂记体"等②，虽然其内部有较大差别，不过，其共同的"子部"叙事源流是明确的。

（二）子部小说叙事特征

子部小说在叙事上呈现出独特的风貌。其一，从目的、功能上看，子部小说叙事"以立意为宗"，注重知识性、思想性。如前所述，传统学术观念中的子部小说，其身份史归属于四部分类中的子部。经、史、子、集是我国传统的知识分类方法，"四部"之分不仅仅反映了古人在知识价值观念层面上对知识形态的认知和区分，更深刻地影响了古代知识书面表达的具体方式，即文体意义上的书写传统。

经部主要是在儒家观念指导下就其内容的价值、地位角度出发进行的区分，具有意识形态特性，暂且存而不论；史部、子部、集部则可以看作

---

① （唐）刘知幾：《史通》，上海古籍出版社2008年版，第195页。

② 陈文新：《文言小说审美发展史》，武汉大学出版社2007年版，第9~19页。

从文体角度进行的划分，它们分别形成了各自的文体功能和特点。

一般认为，史部以叙事为主，从纷繁的历史事件中完成记载史实、勾勒史貌的任务，叙事能力是展现史才的重要因素，也成为史家引以为傲的看家本领，甚至成为宰衡古代一切叙事文体好坏的首要标准，唐代史学家刘知幾在《史通》就指出，“夫国史之美者，以叙事为工”①。

子部以议论为宗，说理、议论、辩难是子书常见的表达方式，先秦诸子散文及汉代政论文是其中的典范，子书以传达作者的颖见卓识为主要宗旨，无论是事关政教的哲理玄思，还是知识性、趣味性的闾里小智，总之它是主“意”的，章学诚在《文史通义》中说，“立言之士，以意为宗，盖与辞章家流不同科也”②。集部具有抒情性内核，诗词曲赋，吟咏抒怀，审美性情怀是它所关注的焦点，即《昭明文选》序中所说“沉思翰藻”。

其二，从内容上看，子部小说叙事允许“合理虚构”。在选择内容和题材时，史部叙事的重要标准是“实”，因为史家重“事”，如果“事”是虚假不可靠的，那么叙事内容就没有价值。而子书叙事的目的是明“理”，其“事”真实与否并不是最重要的，只要这“事”于“理”或有，通过它表达的知识、道理有价值，那么这叙事也就是有价值的了。史部叙事关心的是一个国家权力体系运作过程中占据关键地位的角色，一段历史发展演变过程中具有决定性或转折性意义的事件，子部叙事关心的则是“闾里小智”。相当大部分并非显贵的寒士甚至平民百姓，如一些无官无禄的隐士、读书人的言行，卑微的匹夫、仆妇的细行，等等，因为作者选取的标准是通过他们是否能传达一定的知识、道理，他们身上是否有一点“德”的光芒闪烁。子书叙事是辅助说理的，因而，它在客观上肩负着使空洞和枯燥的论说更生动、形象的任务，为了吸引听众或读者的兴趣，需要选取较为新奇生动的故事，才会有理想的接受效果。子书的题材内容在很大程度上与史书是重合的，然而，其中又往往渗入了大量不见于史书的传闻、轶事，在人们

① （唐）刘知幾：《史通》，上海古籍出版社 2008 年版，第 122 页。

② （清）章学诚：《文史通义》，上海古籍出版社 2015 年版，第 107 页。

看来是“不合于经传”“舛讹荒诞”的，然而也是富于趣味性的。

其三，从叙事审美上看，子部小说追求“片断性风神”。首先，表现在结构上，史部叙事追求的是结构的完整性、系统性，不仅有着严谨缜密的体例，同时，也追求详备的叙事，不仅内容上要包揽宇宙天人，方式上也一般依照自然时间顺序交代事件发生的来龙去脉，可以说，史家叙事追求的是一种统一性。而子书叙事则不同，从内容上看，它的特点是零散，更像是对素材的随手截取，是“掐头去尾”的叙事，不像史书，对人物的身份、事情发生的过程、结果作详细说明，只需集中一点而无需顾及其余，突出启人心智、有助于说服读者的部分就已经足够，追求一种“片断性风神”。

其次，子书在记事上十分简洁，恰恰缺少事件内部行动的细化、密集，它通常是用一两句话简要介绍事件发生的背景，然后叙述人物的话语，再寥寥数语交代结果，有时甚至略去结果。也就是说，子书叙事关心的重点一般不是事件发生的整个过程，而是聚焦于某一个场景，某一段话语，通过人物的几个关键动作，一段精彩的语言来表现人物神采生动飞扬的一刻，传达思想光芒闪烁的一瞬，有节制地叙事而韵味无穷。我们在子部小说中也常常可以看到作者醉心于撷取细琐的一事一景，满足于记取蕴含某种智慧、机趣的那灵犀一点。

二、《红楼梦》与子部小说叙事

（一）“立意”与“抒情”：《红楼梦》叙事的思想气质

子部叙事“以立意为宗”，子部小说虽然内涵丰富、类型多样，总体而言，子部小说表现出显著的理性色彩，突出对知识的追寻，对人生经验、智慧的总结和表达。子部叙事突出的理性特征，与集部叙事突出的抒情功能形成强烈对比。

我们通过比较子部小说与深受集部辞章之风濡染的传奇小说对同一题材的处理，可以清楚看到这一点。狐妖与人的感情故事，是传奇小说热衷的题材，仅唐传奇中就有数十篇，最为经典的当数沈既济的《任氏传》。传奇小说对这类题材处理的重心在于铺叙狐妖的妩媚娇姿、容冶情致，以及狐与人爱情的婉转动人、缠绵悱恻。然而，子部小说的关注点却不在此。以树立子部小说叙事典范自许的《阅微草堂笔记》中特意叙述了诸多以“狐”为题的故事，如《狐仙》《狐之媚人》《狐戏酒徒》《狐教子》《罗生求狐》，等等，这些题材在传奇小说中本可以被敷衍出婉转动人的爱情故事，但子部小说的笔墨追求的却是另一种趣味。如《狐贞于人》一篇中，叙述了一个丽妇诡托狐女之名“夜逾短垣，与邻家少年狎”的故事，其叙述重点却不在女子如何与少年“欢昵渐洽”，反而重点叙述了一个有意味的情节：久之，狐反掷瓦骂道：“我居圃中久，小儿女戏抛砖石，惊动邻里或有之，实无冶荡蛊惑事。汝奈何污我？”①其叙事的目的是表达“狐媚恒托于人，此妇乃托于狐。人善媚者比之狐，此狐乃贞于人”这个主题，相较于传奇小说致力于书写个人情感生活的浪漫美好，追求情灵摇荡、动人心魄的情感审美体验，子部小说则多了一份对于人性认知、对于修身处世的生活经验的理性反思。

《红楼梦》向来被视为“写情”的经典之作，其抒情特质得到普遍认可。与此同时，令读者印象深刻的除了其叙情之真切、状物之生动，还有其蕴含的深邃思想意涵。一位清代读者的感受是：

> 少读《红楼梦》，喜其洋洋洒洒，浩无涯涘，其描绘人情，雕刻物态，真能抉肺腑而肖化工，以为文章之奇，莫奇于此矣，而未知其所以奇也……文章者，性情之华也。性情不深者，文章必不能雄奇恣肆，犹根底不固者，枝叶必不畅茂条达也。世庸有苟作之文，挦撦敷衍，支离失实，无底里可顾，无命意可求，非竭则萎，乌斯斯爱而斯传哉？盖立言不根理要，既不能发挥古今之名理，焉能餍饫乎天下之

① 陈旭霞、李汉秋：《阅微草堂笔记鉴赏辞典》，上海辞书出版社2015年版，第51页。

人心？……就其涉，可以化愚蒙；而极其深，可以困贤智。本谈情之旨，以尽复性之功，彻上彻下，不独为中人以下说法也。①

且不论这位读者从《红楼梦》中读出的“复性之功”我们是否认同，但是他指出了一个重要事实，那就是，与其他人情小说相比，《红楼梦》的确表现出强烈的思想气质，或者换句话说，我们可以明显感受到小说中作者强烈的“命意”，与“立言”的冲动，以及“发挥古今之名理”的知性色彩。

这是一个宏大复杂的问题，无法面面俱到地讨论，具体到与子部叙事相关性的问题上，我们想要指出的是，《红楼梦》在小说中直接“立言”“命意”的这种不同寻常的表达方式，与子部叙事有相通之处。

最为显著的是在小说开头部分，作者屡屡现身表达其“命意”。比如，小说创作的初衷是“今风尘碌碌，一事无成，忽念及当年所有之女子，一一细推了去，觉其行止见识皆出于我之上……我之罪固不免，然闺阁中本自历历有人，万不可因我之不肖，自护其短，则一并使其泯灭也……虽我未学，下笔无文，何为不用假语村言敷演一段故事来，以悦人之耳目哉……此回中凡用‘梦’用‘幻’等字，是提醒阅者眼目，亦是此书立意本旨”。夹评有两句：“明告看者”“因为传他，并可传我”。② 篇首点明小说要义在章回小说中也算常见，但相较于《金瓶梅》以诗词咏“酒色财气”从普遍的道德劝诫角度出发，这段话体现出强烈的自叙色彩，是从个体人生经历和体验的角度出发，作者现身明白地告知读者此书用意所在，显示出很强的叙述主体性。

无独有偶，小说第一回中，作者再次按捺不住，借空空道人与石头问对，说了一段看似不相干的议论闲话：

但我想历代野史皆蹈一辙。莫如我不借此套者反到(倒)别致新

① (清)孙桐生：《妙复轩评〈石头记〉叙》，朱一玄主编：《〈红楼梦〉资料汇编》南开大学出版社2012年版，第708~709页。

② 《脂砚斋评石头记·凡例》，上海三联书店2011年版，第1~2页。

奇，不过只取其事体情理罢了，又何必拘拘于朝代年纪哉！再者市井俗人，喜看理治之书者甚少，爱看适趣闲文者特多。历代野史，或讪谤君相，或贬人妻女，奸淫凶恶，不可胜数。更有一种风月笔墨，其淫秽污臭，涂毒笔墨，坏人子弟又不可胜数。至若佳人才子等书，则又千部共出一套，且其中终不能不涉淫滥，以致满纸潘安、子建、西子、文君，不过作者要写出自己那两首情诗艳赋来，故假拟出男女二人之名姓，又必傍出一小人其间拨乱，亦如戏中小丑然。且鬟婢开口即者也之乎，非文即理。故逐一看去，悉皆自相矛盾不大近情理之说。①

这实际是作者借人物之口表达对当时其他通俗小说创作的不满，比如“淫秽污臭”的艳情小说等，尤其点名了才子佳人小说，认为模式化的叙事套路以及不近情理的情节，实则为逞作者的情诗艳赋，显得陈腐。这说明《红楼梦》在创作时，作者对人情小说创作的传统和现状有着清醒认知，脂评说：“开卷一破历来小说窠臼，阅其笔则斯是《庄子》《离骚》之亚。”②

紧接着，小说第二回借贾雨村之口发表了“正邪两赋”之说。冷子兴演说荣国府，介绍到贾宝玉时，评说道：“虽然淘气异常，但其聪明乖觉处，百个不及他一个。他说起孩子话来也奇怪，他说，女儿是水作的骨肉，男人是泥作的骨肉。我见个女儿，我便清爽。见了男人，便觉浊臭逼人。你道好笑不好笑。将来色鬼无移了！”③

这时，小说借贾雨村发表了一段篇幅较长的论说。大意是，天地间有大仁、大恶两类人，大仁者是禀受了天地正气，应运而生；大恶者是禀受天地邪气，应劫而生。但也有一种情况，就是当“清明灵秀”的正气与“残忍乖邪”的邪气互相感荡融汇，“使男女偶秉此气而生者，上则不能成仁人君子，下则亦不能为大凶大恶。置之于万万人之中，其聪明灵秀之气，则

① 《脂砚斋评石头记》，上海三联书店 2011 年版，第 3 页。
② 《脂砚斋评石头记》，上海三联书店 2011 年版，第 3 页。
③ 《脂砚斋评石头记》，上海三联书店 2011 年版，第 19 页。

在万万人之上。其乖僻邪谬不近人情之态，又在万万人之下。若生于公侯富贵之家，则为情痴情种。若生于诗书清贫之族，则为逸士高人。纵再偶生于薄祚寒门，断不能为走卒健仆，甘遭庸人驱制驾驭，亦必为奇优名娼。如前之许由、陶潜、阮籍、嵇康、刘伶、王谢二族、顾虎头、陈后主、唐明皇、宋徽宗、刘庭芝、温飞卿、米南宫、石曼卿、柳耆卿、秦少游，近日之倪云林、唐伯虎、祝枝山，再如李龟年、黄旛绰、敬新磨、卓文君、红拂、薛涛、崔莺、朝云之流，此皆易地相同之人也。"①

这段倏忽而来的论说，的确显得有些不寻常，无怪乎周汝昌先生说，如果年轻的读者，"开看《红楼梦》不久，就看到了这种莫名其妙的大段议论，怎么能懂得而且领会其中意味？"这种直接"讲道理"的方式在这部小说中确实并不常见，但是，它确实"讲了一篇千古罕闻的大道理"。周汝昌先生认为，"这'正邪两赋而来'的认识理论，从何而有？是雪芹观察思考了很多很久之后，对宇宙群生、地灵人杰的一种哲理的总结，是一个石破天惊的'异说'。这种哲理的概括，在此一提，好像又随手抹去，然而，他却已将开头所设的神话障眼法，尽行扫净。雪芹真正关心的，正是'人'的事情。人的'质素'，人的际遇，和人的作用……《红楼梦》有一个思想纲领，就是正邪两赋论，是它统率着全书"②。这段话道出了一个事实，即《红楼梦》确实也十分注重"立意"，在浓厚的抒情氛围中始终保有一份独特的理性思想气质。

（二）"杂"之意趣——《红楼梦》叙事的子部意趣

"杂"体现一种知识分类的价值观念。子部小说叙事在内容上的一个重要特点便是"杂"。"杂"的一层意蕴是"芜杂"，未经删汰，不够纯正，这是就题材内容而言。从题材上看，子部叙事包含很多"不合于经传""舛讹荒诞"的内容，然而也是富于趣味性的。史部记载的多是严肃、庄重的内

① 《脂砚斋评石头记》，上海三联书店2011年版，第19~20页。

② 周汝昌：《红楼小讲》，北京出版社2016年版，第52~53页。

容，事关国家重大政治、军事事件，且遵循“实录”原则。而子部叙事本来就是道听途说的内容，为我们保存了史书中没有空间来著录的关于古代智慧的比较生活化、富于趣味性的传闻故事。这是由于子书叙事主要的兴趣的确不在记事而在明理，所叙之事是否意义重大、是否真实可靠并不重要，只是后来，子部中有一部分，讲故事从作为明理的附属和手段演变成以娱乐性目的为主的重点内容，子部小说可以视为子书叙事在“逸”出庄严现实的道路上走得更远的部分。

子部小说内容上的“芜杂”看似是对于经、史遵典尚实原则的悖离，而事实上，显示了这样一种价值取向：诸多无关军国大事的学问、知识、道理，也有其存在的合理性及价值，因为它体现了人类生活的多种面向与知识价值的丰富性。这正是子部小说叙事的重心和价值所在。

《红楼梦》中显示出对“杂”的价值的欣赏。贾宝玉作为一个传统社会贵族之家的子弟，却偏偏对读书仕进不感兴趣，故而，在他第一次出场时有两首《西江月》针砭其人说：“天下无能第一，古今不肖无双。寄言纨绔与膏粱，莫效此儿形状。”就连小厮兴儿也说：“他长了这么大，独他没有上过正紧学堂。我们家从祖宗直到二爷，谁不是寒窗十载？偏他不喜读书。”①表面上看来，完全就是一个不学无术的反面典型。

然而，贾宝玉不仅不是“不学无术”，相反还很博学；不仅不是“不喜读书”，相反还涉猎广博，甚至显示出对生僻“冷知识”的擅长。比如第三回宝玉初见黛玉时，就引经据典举出《古今人物通考》给黛玉取字“颦颦”，虽然遭到大家玩笑式的质疑，但足见其绝非束书不观之辈，相反阅读视野还很广泛。只不过他所喜的不是“正经”学问，所好的不是正统儒家经典。他精于“杂学”，旁收博采——从佛道经典到诗词、小说，从书画、器玩到胭脂水粉，他无所不通。例如，他对儒家经典兴趣不大，却对道家的《南华经》极有心得，第二十一回宝玉读《南华经·胠箧》篇后悟出了“爱博而心劳”的道理，写出一篇洋洋洒洒的续文，不仅如此，他还对佛理有所体悟，

① 《脂砚斋评石头记》，上海三联书店2011年版，第711页。

可以和黛玉参禅偈。最能体现宝玉之才能的应是其文才，第十七回“大观园试才题对额荣国府归省庆元宵”，宝玉就在贾政面前展示了卓越的诗才，也得到元春的赞赏。至于如《会真记》这类“有助文章”的俗文学，他就更充满热忱。仅此最多也算是不务正业的读书人，但宝玉最招贾政与世人诟病的是对胭脂水粉的喜爱，他有吃胭脂的癖好，其实这并非出于寻求感官刺激，而是他确实了解、熟悉这些，并能从中发现美。第四十四回平儿无辜受责打，哭闹一场，宝玉赶来安慰，劝她换了衣衫并理妆，这时小说写道：“平儿听了有理，便去找粉，只不见粉。宝玉忙走至粧台前，将一个宣窑磁盒揭开，里面盛着一排十根玉簪花棒，拈了一根递与平儿，又向他道：‘这不是铅粉，这是紫茉莉花种研碎了，兑上料制的。’平儿倒在掌上看时，果见轻白红香，四样俱美，扑在面上也容易匀净，且能润泽肌肤，不似别的粉青重涩滞。随后看见胭脂也不是成张的，却是一个小小的白玉盒子，里面盛着一盒，如玫瑰膏子一样。宝玉笑道：‘那市卖的胭脂都不干净，颜色也薄。这是上好的胭脂，拧出汁子来，淘澄净了渣滓，配了花露，蒸叠成的。只用细簪子挑一点儿抹在手心里，用一点水化开抹在唇上，手心里剩的，就彀打颊腮了。’平儿依言粉饰，果见鲜艳异常，且又甜香满颊。宝玉又将盆内开的一支并蒂秋蕙，用竹剪撷了下来，与他簪在鬓上。”①

我们看到，从香粉如何质地到胭脂如何化开、打腮，到如何簪花插戴，贾宝玉对女子妆饰的知识简直比女性更了解得更多，不负薛宝钗对他的评价：“每日家杂学旁收”。这种杂学旁收相较于正经学问，固然是无用，而它恰恰体现出非功利性的特点，这一点与《红楼梦》所追求的审美化价值是一致的。

“杂”的另一层意思是“博杂”。子部小说叙事包含的内容十分广泛，而其内部间的品类差异也十分巨大，诸如，志怪小说内部就包括“搜神”体、“博物”体、“拾遗”体类不同的类型，它们在叙事审美上的追求也不同。

① 《脂砚斋评石头记》，上海三联书店 2011 年版，第 468 页。

“博物体”最能够体现这种博杂的特征，它的内部包括地理类、名物类、杂传类，内容包罗万象，既有异产、异物，也有异人、异俗，尤其侧重记载远方的珍奇异物。

博物小说追求的是一种对远方异域、无垠世界的想象，无论是地理类，还是名物、杂传类，通过这种对于大千世界、世间万物的知识的归纳，体现对未知世界的新奇、神秘的美好想象。“万物皆知识，我们的认知则是知识的组合与分类，人类历史的演进，在某种程度上可以被看作人类认识自身和外部世界，共同推进的过程，分类不仅区分了知识的新与旧，知识内部的等级框架，更在划分过程中塑造了不同时空内部的认知方式与思维特质……”①诚然，“博物”体小说就是这样一种以“物”为中心的知识的组合与分类，在组合、分类中形塑了人们对于身处的这个与万物共生的世界的认知。

地理类博物小说，最早追溯到战国时代的《山海经》，在体例上与地理书很相似，例如《山海经》目录即以“东南西北中”不同方位的山经、海经展开，《十洲记》也是类似，记汉武帝与东方朔问答“海中十洲”，分别叙述祖洲、瀛洲、悬洲、炎洲、长洲、元洲、流洲、生洲等十洲及扶桑、昆仑等地的详细情况，在具体内容上，也具有地理著作的部分特征，如意图说明某地域内的动物、植物、奇珍异物等物产的外形、性质、特征等。

地理类的博物小说往往“好怪而妄言”，所叙多杂荒诞不经的内容，《四库全书总目》史部地理类序说：“古之地志，载方域、山川、风俗、物产而已，其书今不可见，然《禹贡》、《周礼·职方氏》，其大较矣……若夫《山海经》《十洲记》之属，体杂小说。”②诸如其中羼入的神话传说“精卫填海”“夸父逐日”等，正是这些看似“荒诞不经”的内容，才恰恰是“小说”的旨趣所在，体现出“小说”的品格。

换句话说，地理类博物小说的一个重要特点，是构建了“虚实交织”的

① 袁剑：《分类、博物学与中国空间》，《读书》2018 年第 5 期。

② 《四库全书总目提要》，河北人民出版社 2000 年版，第 1813 页。

时空观念。在总体思维构架上，它遵循地理书的规则，按照物理时空的逻辑和一般知识经验的规则去归纳、叙述，然而，它又在内容中糅杂了神话传说中的帝王世系和珍奇异物，体现对远方异域、无垠空间的无尽想象和追寻。有学者认为，《山海经》的成书，与上古文化走向大一统的政治权力集中的现实需要密切相关，带有一定的政治动机，认为它是一部“神话政治地理书”，“它以山川地理志的外观表现着现实世界与神话时空交织的内容，而这种虚实相间、半真半假的空间图式之实质，则是服务功利目的的宗教政治想象图景”①。无论其成书动机如何，这段话中确实指出了一个事实，那就是《山海经》表现出的特点是“虚实相间”“半真半假”，这是地理类博物小说，也可以说是博物小说的一个重要特征。

《红楼梦》在叙事上最为人称道的就是叙事时空的建构，人们普遍认为，《红楼梦》在叙事结构上实现了对传统章回小说单一结构的突破，建构起了现实与虚幻、写实与写意、经验世界与神话世界共生的立体结构。从时空结构上看，至少有这样几个层面：第一个层面，是发生在大荒山无稽崖，女娲补天剩下的顽石与一僧一道的经历。青埂峰下的顽石，羡慕人世的繁华，由一僧一道携入红尘，经历了人间的悲欢离合，最终又被这一僧一道携至青埂峰下，形成了一个闭合的环形情节；第二个层面，是发生在西方灵河之畔，神瑛侍者与绛珠仙草的经历，顽石由于未得女娲青睐，故而四处游玩，偶然遇警幻仙子成为赤霞宫神瑛侍者，灌溉了灵河畔的绛珠仙草，得以使仙草幻化成形，这才使仙草为报恩而随神瑛侍者下凡，以毕生眼泪报答昔日灌溉的恩德。第三个层面，是发生在太虚幻境，甄士隐、贾宝玉等人在梦境中进入“太虚幻境”，与一僧一道、警幻仙子等神幻人物进行对话，被透露某种“天机”，贾宝玉甚至在太虚幻境中游观，得见大观园中众女性的命运指南。第四个层面，是发生在现实世界中，以贾宝玉、林黛玉、薛宝钗等人的感情生活为主线串联起的贵族之家的兴盛衰亡，甚

---

① 马昌仪选编，叶舒宪主编：《中国神话学百年文论选(下)》，陕西师范大学出版总社有限公司2013年版，第1080页。

至，在最后一个层面，还有学者将其解读为具有象征意蕴的“两个世界”，以大观园为代表的象征着洁净、美好的“乌托邦世界”和大观园之外的象征着污浊、堕落的“现实世界”。

我们看到，《红楼梦》正是这样以层叠的虚幻、现实时空交织构成。有学者注意到，《红楼梦》在神幻时空的构造时呈现出重要特征是，神幻世界的时空状态是模糊和不确定的，不可把握、无法度量的神幻时空是作为现实人物活动基点①，比如大荒山无稽崖顽石与一僧一道的相遇是“一日”，空空道人路过青埂峰遇顽石是“不知过了几世几劫”，神瑛侍者与绛珠仙草下凡时间是“恰近日”，都是缥缈无凭的，而现实事件叙事却又是以确切时间、空间作为标记，以事件发生的具体地点、节序作为叙事时空标志，按照物理时空的逻辑叙事，体现出叙事的真实可感。并且，通过比较《西游记》《三国演义》《水浒传》与《红楼梦》在设置神幻时空上的特征，可以发现，前三部小说采用了以日常生活经验为参照来描述神幻时空的方式，而《红楼梦》则一方面将神幻世界叙事的时空虚化，形成宏大无垠、迷离混沌的风格，以增强神秘感；另一方面，现实世界叙事按照日常经验和逻辑的叙事时空来架构，并且，这两者可以互动、交织，形成虚、实时空叙事结构的叠套。

此外，名物类、杂传类博物小说，乃至“拾遗体”小说涉及博物题材的作品，形成以“物”为中心、“物”与“人”系的叙事审美追求。所谓“物与人系”，是指虽然这类博物小说的重点在记录、描述“物”——草木、虫鱼、鸟兽、器物、服饰、节序、礼俗等，但其叙事往往是将物与人联系在一起，如《博物志》中，《南方草木状》中写“诸蔗”，除叙其性状，主要叙述了吴国孙亮断“甘蔗饧”案之事；记“菖蒲”，则述安期生采服成仙之事。《拾遗记》中有一则：“魏文帝纳薛灵芸，灵芸别父母，嘘唏累日，泪下沾衣。至升车就路之时，玉唾壶承泪，壶即如红色，及至京师，壶之

① 王炜、谭邦和：《〈红楼梦〉神幻世界的时空建构》，《红楼梦学刊》2009 年第 3 辑。

泪如凝血矣。”①此则被收入《太平御览》“唾壶”条目下，其叙事自是围绕“唾壶”这一器物展开，但让人动容的是围绕器物展开的人事和注入器物中的人情。可以说，开创了一种新的物与人关系的叙事方式，即以“物”为线索延展人事和人情。

这一点在《红楼梦》中表现得十分明显。第一回中借道人之口透露了小说在状物摹情上的特点：“想来，这一段故事比历来风月事故，更为琐碎细腻了。……历来几个风流人物，不过传其大概，以及诗酒篇章而已，至家庭闺阁中一饮一食，总未述记……”②可见其状“物”的抱负所在。而《红楼梦》中状物也确实“琐碎细腻”，从大观园中的一草一木，诸如潇湘馆的几竿疏竹、沁芳闸旁的满树桃花，到器玩陈设、服御饰物，诸如琉璃屏风、汗巾、香囊、扇坠、斗笠、斗篷等，无不是或关涉人物或推动情节或描摹人情，贾蓉找王熙凤借屏风、宝玉因汗巾子挨打、春宫画香囊引发抄检大观园等，无处不在这些“物”的线索影子。即如第四十四回宝玉帮平儿理妆，要通过“放手细写绛芸轩闺中什物”来展现宝玉的人物形象，因为“宝玉最善闺阁中事，诸如胭粉等类，不写成别致文章，则宝玉不成宝玉矣”③，但是为此费笔墨又需斟酌谁人合适，宝钗等姐妹自然不便，袭人等每日如此，细写去也不合情理，这个人须得“又甚亲，又甚疏，又可唐突，又不可唐突，又和袭人等极亲，又和袭人等不大常处”，只好采用“借”来平儿最为合适，可见作者为叙“物”在“人”的关系上煞费苦心。而“物”也会成为展示“人”的绝佳线索，第四十九回“琉璃世界白雪红梅”戚回后评道：“此文线索在斗篷。宝琴翠羽斗篷，贾母所赐，言其亲也。宝玉红猩猩毡斗篷，为后雪披一衬也。黛玉白狐皮斗篷，明其弱也。李宫裁斗篷是哆啰呢，昭其质也。宝钗斗篷是莲青斗纹锦，致其文也。贾母是大斗篷，尊之词也。凤姐是披着斗篷，恰似掌家人也。湘云有斗篷不穿，着其异样

① （宋）李昉编纂，任明等校点：《太平御览》第6卷，河北教育出版社1994年版，第513页。

② 《脂砚斋评石头记》，上海三联书店2011年版，第5页。

③ 《脂砚斋评石头记》，上海三联书店2011年版，第468~469页。

行动也。岫烟无斗篷，叙其穷也。只一斗篷，写得前后照耀声色。”①的确，《红楼梦》中的物态关乎的也是人情，二者是相得益彰的。

（三）限知叙事与“片断性”风神——《红楼梦》与子部小说叙事审美

从叙事方式上看，子部小说叙事对中国叙事发展的一个重要贡献是第三人称限知叙事的运用。中国的叙事艺术最早成熟于史传，先秦至汉代，以《左传》《国语》《战国策》《史记》为代表的一批历史著作展示了成熟的叙事艺术。史传中多采用第三人称顺叙式，从史官视角出发进行客观“实录”式叙事。“实录”是史传尤其是正史叙事的重要原则，这种情况下，叙事者和人物是分离的，叙事内容只能从作者（史官）的眼光出发，叙述人物的言行，依据特定环境中人物的言语、行为来表现其内心活动，这是保证叙事内容客观、真实的依据。所以，这种叙事方式中，叙事者并不是万能的，而是有所凭借，是第三者的审视和推断。

与此相对照的另一种叙事传统，是白话小说系统的叙事。中国白话小说，包括话本小说和章回小说两种类型，明清章回小说与宋元话本小说渊源较深，在叙事上深受话本小说影响。而话本小说又来自于民间“说话”，较多地保留了民间口头文学的叙事传统，具体而言，是对第三人称全知叙事的运用。第三人称全知叙事，就是从一个无所不知的“上帝”视角出发叙事，对于小说中的情节发展、人物心理全部掌握。“话本小说的叙事方式与中国传统戏曲的叙事方式在本质上是相同的，它们都是非戏剧化的叙述，让读者和观众与故事世界保持距离，不致发生如实再现或亲临其境的幻觉，从而产生所谓‘间离效果’。这种叙事方式在小说中和在戏曲舞台上的具体表现形态当然是不同的，话本小说是讲述式，采用第三人称全知视角进行叙述，作者在讲述故事中可以随时中断情节，站出来直接对某个事

① 《脂砚斋评石头记》，上海三联书店 2011 年版，第 523~524 页。

物进行解释，或对某种事态进行评论。”①

第三人称限知叙事，在史传叙事中不是主流，而在子部小说中逐渐发展，在魏晋南北朝时期志怪小说中运用较为成熟。② 所谓“第三人称限知叙事”，就是叙事内容随人物而移动，从人物的视角出发，一切见闻内容不超出小说中人物耳目。这时，作者是隐身的，与人物重合来完成叙述。即钱锺书在《管锥编》中所说的，“不直书甲之运为，而假乙眼中舌端出之”③的写法。这种写法在志怪小说中成熟运用，与志怪本身的题材特点相关，由于叙述的是异于人类日常生活经验的鬼怪神仙世界，故而从小说人物的眼光和意识去观察叙事，能够带来新鲜感和神秘感，如《搜神记》中的《宋定伯》《赵公明参佐》《都尉驸马》《卢充》《汉谈生》《秦巨伯》等篇即是如此。并且，在洞穴仙境题材的志怪小说中，应用得比较普遍，如《搜神后记》中的《桃花源》《袁相根硕》，《幽明录》中的《黄原》《刘晨阮肇》等，从凡人的角度出发，随着其视角的移动来逐步变换场景，叙述陌生环境和人物的感受，的确能给人带来异闻之感。

《红楼梦》中也借鉴了志怪小说运用第三人称限知叙事创造陌生感甚至是“异闻”的方式。比如，较为典型的情节是，林黛玉进贾府和刘姥姥进大观园。林黛玉进贾府一节，主要作用有三，一是介绍贾府的空间布局，二是介绍贾府主要人物，三是描述贾府富贵。这些内容，如用第三人称直接叙述的方式，可以用较俭省的篇幅来完成，然而，小说通过林黛玉的视角详细叙述了自街市到贾府内的一路情形，经过大门、入角门，换轿入垂花门，经抄手游廊，穿堂、厅房、正房大院，拜见贾母和众人，不仅直观地反映出了贾府的结构布局、陈设装饰，并且以一陌生人的视角描述了贾府的堂皇富贵。有学者注意到，在林黛玉见贾府众人的这场精彩“群戏”中，

① 石昌渝：《中国小说源流论》（修订版），生活·读书·新知三联书店 2015 年版，第 265 页。

② 陈文新：《文言小说审美发展史》，武汉大学出版社 2007 年版，第 134～136 页。

③ 钱锺书：《管锥编》下，生活·读书·新知三联书店 2001 年版，第 400 页。

限知叙事视角并非单一固定的，而是在林黛玉、王熙凤等人身上不断变换，自林黛玉的眼光一一端详描写了贾府自老太太至其王夫人、邢夫人及一众姐妹、丫鬟仆妇的言行举动，也自王熙凤等人的眼中描述了林黛玉的形象，这种限知视角的流动性运用可谓是创举，又显得自然贴切。另一个典型例子是刘姥姥进大观园，以一个村妇的视角叙述宝玉卧房的富丽堂皇，还有新奇的西洋镜、自鸣钟等，产生了较好的陌生化效果。

子部小说追求叙事上的“片断性”审美。所谓“片断性”，是指子部的部分小说作品并不追求情节化，它打破了史传叙事追求叙事结构完整、谨严的传统，追求通过一个场景、一段言行来展示人物的某种神韵或生活的某种情境，并不追求情节的完整、曲折。这一点在轶事小说中体现得较为明显。轶事小说中的人物多数是真实历史人物，但并不会对其生平进行完整叙述，而是以表现人物性格、呈现某种情境为中心，追求叙事的写意性，代表即是《世说新语》，如其叙述性急的王蓝田、嗜酒的刘伶等，就是通过只言片语、一个场景来表现，胡应麟评价说：“读其语言，晋人面目气韵，恍忽生动。”①

《红楼梦》中亦有这种片断性的、充满写意情调的笔法，比如第七十六回“凸碧堂品笛感凄清”中叙述贾母率众妇赏月的一段：

贾母因见月至天中，比先越发精彩可爱，因说：“如此好月，不可不闻笛。”因命人将十番上女孩子传来。贾母道：“音乐多了，反失雅致，只用吹笛的远远的吹起来就彀了。”……正说着闲话，猛不防只听那壁厢桂花树下呜呜咽咽，悠悠扬扬，吹出笛声来。趁着这明月清风，天空地净，真令人烦心顿解，万虑齐除，都肃然危坐，默相赏听。约两盏茶时，方才止住，大家称赞不已。于是遂又斟上暖酒来，贾母笑道：“果然可听么?”众人笑道：“实在可听。我们也想不到这样，须得老太太带领着，我们也得开些心胸。”贾母道：“这还不大好，

① （明）胡应麟：《少室山房笔丛》，中华书局1959年版，第378页。

须得拣那曲谱中越慢的吹来越好。”……再细细的吹一套来。①

这一段叙述贾母与众妇中秋赏月，文笔简净，并没有过多去铺叙众人赏月情状，而是集中在贾母身上，通过贾母的言行——不要乐音繁多，只要笛子远远吹起来，且曲谱越慢的越好，着意渲染了明月清风、笛声呜咽的场景，这不免触动人内心的凄凉之感，尤其是对于年华逝去的老人来说，更容易引起其对生命、岁月，对悲欢离合的感慨，果然，“只听桂花阴里，呜呜咽咽，袅袅悠悠，又发出一缕笛音来，果真比先越发凄凉。大家都寂然而坐。夜静月明，且笛声悲怨，贾母年高带酒之人，听此声音，不免有触于心，禁不住堕下泪来。众人彼此都不禁凄凉寂历之意。半日，方知贾母伤感，才忙转身陪笑，发语解释”②。这个片断对于贾母的人物塑造颇有贡献。从这个片断场景中，我们见到了一个与平日作为显赫家族最有权威的大家长、疼爱孙子的慈爱长者不同的贾母，如同人物的侧影——那是一个对艺术有着高雅品位和敏锐感受，同时也对自身和家族命运隐忧感怀的老人，让我们不得不想起《世说新语·容止》篇中的一则叙事：太尉庾亮在武昌，秋夜气佳景清，佐吏殷浩之徒登南楼理咏，闻函道屐声甚厉，诸贤欲起避，庾公徐云，“诸君少住，老子于此处兴复不浅”，因便据胡床，与诸人咏谑甚乐。虽然“尔时风范不得不小颓”，但“唯丘壑独存”。③ 这种写意性的片断在《红楼梦》中对于塑造人物、渲染氛围大有帮助。

在明清章回小说中，《红楼梦》作为文人创作型的小说，与源于民间说话系统的小说在审美上呈现出明显不同的风貌，而又显示出与《金瓶梅》在文化审美取向上的异趣。故而，这提醒我们思考一个重要问题：作为具备良好传统文化素养的文人创作的作品，《红楼梦》是如何吸收、融合了传统

① 《脂砚斋评石头记》，上海三联书店 2011 年版，第 826 页。

② 《脂砚斋评石头记》，上海三联书店 2011 年版，第 827 页。

③ 钱振民点校：《世说新语》，岳麓书社 2015 年版，第 314 页。

文化和文学资源的？从《红楼梦》中的诗词用典来看，多达近六十处涉及自秦汉至唐的子部小说，其中频率使用较高的包括《世说新语》《西京杂记》《博物志》《述异记》《异苑》等，这表明，作者对于子部小说是十分熟悉的。那么，子部小说的叙事特点及其精神风貌是否对其创作产生了一定影响？我们认为答案是肯定的。事实上，在子部小说叙事对于《红楼梦》的影响，在文人创作中跨文体叙事传统融合的现象方面，还有更多更丰富的话题值得进一步深入挖掘。

附录三　一个经典故事在文体中的迁移

——从《孟子》"齐人有一妻一妾"到《东郭记》

本部分关注的是"齐人有一妻一妾"的故事由《孟子》到传奇《东郭记》的迁移，通过情节的梳理和比较，可以看出二者在故事形态呈现上的一些不同，诸如，叙事结构上的片断性和完整性，细节处理上的简与繁，叙事现场感传达上的限制与渲染等。《东郭记》的这些处理，无疑是符合戏曲（传奇）叙事特点的，即在内容上重视日常情感生活，以情动人；结构上双线并重，世态与闺情相映成趣；代言叙事方式及思维的影响等。《孟子》作为重要儒家经典，其内容被作为戏曲创作素材，且带有游戏为文的性质，这种现象并非偶然，而是科举时代背景下的特别文学景观。

闻一多先生说："对于讲故事，听故事，我们似乎一向就不大热心。不是教诲的寓言，就是纪实的历史，我们从未养成单纯的为故事而讲故事、听故事的兴趣。"①撇开价值判断的色彩，我们可以说，这句话中指出了一个事实，中国古代人们讲故事、说故事，在不同的场合、不同文体中，有着不同的功能和效用，例如，在以说理为主的诸子寓言中，它是讲"教诲"的，在历史著作中它是重"纪实"的。事实上，古人并非不爱讲故事、听故事，只是在传统文化语境下，故事往往承载着特定的文化功能，因而也呈现出多元化的风貌——而它们恰恰体现出叙事的民族性特征。

从文体的角度来看，叙事普遍渗透在中国古代各种文体中，"在中国

① 孙党伯、袁謇正主编：《闻一多全集》卷十，湖北人民出版社1993年版，第18页。

古代的文学艺术分类传统中，戏曲和叙事诗、史传、小说等叙事文学虽然从表面上看是截然不同的文学艺术样式，却享有共同的内在的艺术特性，即叙事性”①。《孟子·离娄章句下》中叙述了“齐人有一妻一妾”的故事，这个故事成为经典，并且进入了戏曲作家的创作视野中。明代作家孙仁孺的《东郭记》是中国古代戏曲作品中的一部奇作，它虽为传奇，却没有走“十部传奇九相思”的旧路，而是从《孟子》中取材，以为“齐人有一妻一妾”的故事为主干，并串联书中其他人物行事，依托敷衍，连缀成篇。清人李调元在《雨村曲话》中谓“《东郭记》全以一部《孟子》演成”，是“曲中之别调也”②。本部分关注的问题是这个故事在两种不同文体间迁移的历程和形态。

一

我们通过对《孟子》中“齐人有一妻一妾”的故事与《东郭记》的比较，可以发现，《东郭记》只是以“齐人有一妻一妾”为蓝本，围绕其扩展而成。见下表。

表中是《孟子》与《东郭记》中的情节比较情况。左边栏目中是与《孟子》“齐人有一妻一妾”的故事基本相应的情节，右侧栏目中则是《东郭记》中增加的主要情节。③ 可以看到，《东郭记》篇幅长达44出，仅有6出是对应《孟子》中原故事情节的，其内容的丰富性远远超过后者。毕竟，《孟子》中叙述的是一个只涉及三个主要人物、情节内容较为简短的故事，而要将这个故事敷衍为鸿篇巨制的传奇故事，自然要进行一番“扩容”——一方面，在齐人与其妻妾的故事上增加情节，另一方面就是增加其他人物行事。

---

① 郭英德：《叙事性：古代小说与戏曲双向渗透》，《文学遗产》1995年第4期。

② （清）李调元：《雨村曲话》，王卓校释《曲品》，北方文艺出版社2000年版，第210页。

③ 本部分引《孟子》及《东郭记》所据文本分别为杨伯峻：《孟子译注》，中华书局1960年版；董竟成、杨矗：《〈东郭记〉评注》，收入《六十种曲评注》，吉林人民出版社2001年版。

与原故事基本相应的情节	增加的主要情节			
	齐人与其妻妾		王驩、淳于髡	陈仲子
第十五出“其良人出” 第十九出“吾将瞷良人之所之也” 第二十出“早起” 第二十一出“遍国中” 第二十二出“卒之东郭墦间之祭者” 第二十三出“与其妾讪其良人，而相泣于中庭”	齐人与妻妾的情感、家庭生活 1. 齐人娶得妻妾的过程（第三出“少艾”、第五出“则将搂之乎”、第七出“媒妁之言”、第九出“则得妻”、第十一出“钻穴隙”、第十三出“一妾”） 2. 齐人远行、妻妾守望（第二十五出“将有远行”、第二十七出“丈夫生”、第三十出“郁陶思君耳”、第三十四出“托其妻子于其友”、第三十七出“为衣服”、第三十九出“妻妾之奉”）	齐人的发迹过程 1. 齐人得官（第二十九出“与之大夫”） 2. 争垄断（第三十一出“而独于富贵之中有私垄断焉”） 3. 伐燕立功（第三十五出“为将军”、第三十六出“战必胜”） 4. 富贵归隐（第四十出“百工之事”、第四十一出“其妻妾不羞也”、第四十三出“殆不可复”、第四十四出“由君子观之”）	王驩： 1. 发迹（第十出“日攘其邻之鸡者”、第十二出“以利言也”） 2. 辱骂齐人（第二十二出“卒之东郭墦间之祭者”） 3. 与齐人争垄断不胜转而谗害之（第三十一出“而独于富贵之中有私垄断焉”、第三十二出“右师不悦”、第三十三出“谗”） 淳于髡 1. 发迹（第十四出“先名实者”） 2. 帮助齐人（第二十八出“为人也”、第二十九出“与之大夫”、第三十三出“谗”、第三十四出“托其妻子于其友”）	第四出“井上有李”、第十六出“他日归”、第十七出“与之偕而不自失焉”、第十八出“出而哇之”、第二十四出“顽夫廉”

从齐人与其妻妾来看，又分为两个方面，其一是涉及齐人与其妻妾的情感、家庭生活，其二是齐人建功立业的发迹过程，如果说前者侧重于闺房之中的儿女情态，后者则着眼的是庙堂之上的宦情与世态。

先看齐人与其妻妾的情感家庭生活。首先，写到了齐人娶得一妻一妾的过程。《孟子》中只用一句话——"齐人有一妻一妾而处室者"，就对故事中三位主角的关系作出了交代，后世较真的读者对此提出了疑惑：明蔡清《四书蒙引》论到此节时引明太祖诗云："乞子何曾有两妻？"①的确，从文中看来，齐人不过是个靠讨祭品果腹的乞丐，又如何能娶得一妻一妾呢？《东郭记》用了六出戏的篇幅来详细叙述齐人是如何娶得这一妻一妾的。剧中妻妾是亲姐妹，二人曾立约愿嫁同一人，并且家道衰落，第三出《少艾》中谓其"幽居冷落，深闺空老"，于是齐人在娶得了姐姐之后又"吃一看二"，与姨妹朝夕相处的过程中贪恋其美色，最终娶其为妾。戏曲中增加的情节实际上就对人物关系的发展过程作出了动态叙述，有了这样的交代和铺垫，使得情节逻辑更为合理，也就不会显得如《孟子》中那般突兀和前后矛盾。其次，《东郭记》中齐人后来外出宦游，于是写到了齐人远行后，妻妾二人对他的思念。第二十五出"将有远行"，叙妻妾二人以妆奁资助丈夫宦游以及夫妻别情，第二十七出"丈夫生"，写齐人之妻生子，第三十出"郁陶思君尔"，叙二人在家思念丈夫，第三十七出"为衣服"，述妻妾为征战的丈夫缝制冬衣，关注的都是凡俗人情。

再看齐人的发迹。《孟子》中写到齐人"施施从外来，骄其妻妾"便戛然而止，《东郭记》则为之设计了一个辉煌的显达之路。其一是得官。第二十九出"与之大夫"、第三十一出"而独于富贵之中有私垄断焉"写到齐人在仕途上的平步青云，齐人因淳于髡的一番举荐，由乞丐一跃而成为大夫，这是他从曾经乞讨墦间到逐步走向显宦的转折，然而，由权臣的一言而可以"与之大夫"，可见授官如同儿戏，举荐齐人的淳于髡说"为君乞得好乌纱"，齐人的身份虽然看似发生改变，而以前靠舍弃尊严向人乞讨酒食，

① （明）蔡清：《四书蒙引》卷十二，文渊阁四库全书本。

如今“更要脸皮花，好官已做由人骂”，同样靠抛下廉耻去乞讨得到富贵功名，清吕留良《四书讲义》卷三十七“孟子八”中论到《孟子》中齐人之“乞”时说“昔人问‘乞恩’例，程子曰：‘只为如今士大夫道得个乞字惯，动不动又是乞也。’”①可见，这里写齐人向淳于髡乞官，也大有讽世的深意。

其二，齐人的仕宦之路。他仕为大夫后在与王驩“争垄断”中取得了胜利，这也象征着他在官场上如鱼得水。齐人伐燕，是其一生功业富贵达到极点的事件，其本事见于《梁惠王章句下》“齐人伐燕，胜之”，《东郭记》中将其化用到齐人身上，并增添了齐人巧设“花子兵”增援章子而出奇制胜的情节，照应了从前齐人为乞丐的情节，他因此而立功，升为亚卿。

其三，富贵而隐。第四十出“百工之事”、第四十一出“其妻妾不羞也”写出了齐人在富贵之后大兴土木、广开筵席的富贵气象，一时间不但夫妻尽欢，而且从前那些羞辱、谗害过他的人也来趋炎附势，这一情节与齐人曾经乞食墦间却骗妻妾说与贵人欢宴形成了强烈对比。最终，在得到了“富贵利达”之后，齐人选择了“富贵归隐”，第四十三出“殆不可复”、第四十四出“由君子观之”，写到齐人受封为“东郭君”，携妻妾归隐於陵。

除齐人与其妻妾之外，《东郭记》中也融入了其他人物，大致可以分为三种情况：(1)人物出自书中，行事基本与原书中相符的，以陈仲子为代表；(2)人物出自书中，但行事经过改造，以王驩、淳于髡为代表，还有田戴、陈贾、景丑、绵驹、章子、公行子、尹士、东郭氏等；(3)完全出自作者虚构，如小齐人。其中，王驩、淳于髡和陈仲子的行事是最重要的剧情构成。王驩和淳于髡的相关情节构成了对于官场生态景观淋漓尽致的刻画，陈仲子清廉避世的生活轨迹则勾画出归隐之途的困顿窘态。

先看王驩和淳于髡的发迹。这一部分折射出官场污浊的现实。王驩是通过贿赂得官，第十出“日攘其邻之鸡者”、第十二出“以利言也”，王驩通过“日攘邻人之鸡”而“积得囊中稔”，得以“贿赂知音”，向权要田戴行贿得官。淳于髡也不过是投君王所好，以言语谐谑蒙宠。第十四出“先名实

① (清)吕留良：《四书讲义》卷三十七“孟子八”，文渊阁四库全书本。

者”，道出了“一言却教龙颜喜，此种机关大是铦”的富贵玄机。再看二人在官场的表现。淳于髡对待旧友尚显厚道，而王驩方面尤其值得注意，第二十二出“卒之东郭墦间之祭者”写到他对落魄乞讨的齐人佯装不识，还加以凌辱，而当齐人也进入官场后，他与齐人争垄断不胜，转而谗害之，在“垄断”富贵名利的诱惑面前，昔日情义不值一提，“争垄断”的失败导致王驩对齐人心怀忌恨，因此荐齐人为伐燕主帅，想要置他于死地，凸显出其为求富贵不顾仁义的品性。

与风波诡谲的官场相比，隐士道路也是崎岖不平的。陈仲子方面，主要的情节有：第四出“井上有李”、第十六出“他日归”、第十七出“与之偕而不自失焉”、第十八出“出而哇之”、第二十四出“顽夫廉”，其中“井上有李”和“出而哇之”两个情节最具典型意义，它们都出自《孟子·滕文公章句下》，陈仲子不受不义之食，竟至与螬虫争李，且吃了不义的兄长所赠之食“出而哇之”，狼狈不堪。《东郭记》选取这几个情节就是为了表达：在动乱时代中想要做与世隔绝的清廉隐士是不现实的。

二

在梳理了《东郭记》对《孟子》中原故事情节的扩展后，我们的问题是，在此基础上，二者在故事的呈现上显示出怎样的差异？

首先，从叙事结构上看，《东郭记》既是对《孟子》叙事内容上的扩充，同时，也显示出不同的叙事结构理念。《孟子》中是“片断性”的叙事，而《东郭记》则追求完整性，并且采用了多线索的结构。

《孟子》中这则寓言，选取了一个有趣的典型事件，刻画出了齐人靠乞讨来假装富贵的滑稽丑态，其妻生疑而尾随他查探从而发现了真相，妻妾相对而泣，不知情的丈夫回到家中仍恬不知耻地“骄其妻妾”，继续在她们面前装腔作势。叙事到这里达到了高潮，却戛然而止，从情节发展上来说，这个故事似乎没有讲完，丈夫最后到底知不知道妻妾已经发现了真相，妻妾有没有揭穿丈夫的假面具，真相大白后丈夫与妻妾要如何相处等等问题，都不得而知。然而这些并不是《孟子》所关心的重点，它并不关心讲述一个完整的故事，或者说追问结局如何，而在于展现一个个令人印象深刻的片断性、场景性情节，其意在说明后面的结论：“人之所以求富贵利达者，其妻妾不羞也，而不相泣者，几希矣。”子书的功能在于“立意”，以立言说理为主，而叙事处于从属、辅助的地位，为了更好地阐释观点，很多时候，子书中的故事内容情节并不复杂，不同于现代小说那样讲求情节上的连贯、完整以及逻辑性，从叙事结构上看，它不重视“历时性”事件流程的线性展开，而多呈现出“共时性”的片断结构特征。也就是说，这些叙事并不构成“论述始终”的叙事，而是强调借助某个片断场景的并置或连缀传达出一种思想或情致，是一种“感事”倾向的“亚叙事”①。这一点在子书叙事中是普遍存在的现象，《庄子》中让后世歆慕不已的“濠上之辩”“庄周梦蝶”“庖丁解牛”，与其说通过如何连贯曲折的情节内容来吸引读者，不如说，是通过融入了诗性哲思的叙事片断的展示，以灌注简洁片断中的丰沛气韵来启发读者，《韩非子》中的诸多叙事也是如素描一样速写下人的或智慧或愚蠢瞬间的短章。换句话说，对子书叙事而言，它聚焦的多是人物和生活中的一个片断，只需集中一点而无需顾及其余，突出启人心智、有助于说服和启示读者的部分就已经足够。

《东郭记》在叙事结构上则体现出一种对完整性的追求。如果说《孟子》中“齐人有一妻一妾”叙述了一个妻子悄悄查探丈夫行踪发现其真面目的故事，从故事时间上看只是发生在短短数天内，那么，《东郭记》则以齐人为主人公展示了其一生的行事踪迹、升沉起伏。这部传奇的题目“东郭记”，值得我们细细品味。“东郭”，正是《孟子》中写到齐人“卒之东郭墦间”向祭祀的人行乞的地方，而传奇中接着写到，其后齐人奋发图强，并且担任伐燕主帅，他功成受封，被赐号“东郭君”。由此看来，以“东郭”为名，既显示出以“一妻一妾”故事为蓝本，又暗含了其名称概括了主人公齐人一生荣辱兴衰的行迹。受到否泰互转的人生观念以及史传叙事完整结构特征的

① 熊江梅：《先秦两汉叙事思想》，湖南师范大学出版社2011年版，第7页。

影响，中国古代戏曲叙事重视主人公的“生命流程”，它关心的是在一定长度的时段内可以让读者观察到故事主人公的兴衰起伏、否泰交替转化的叙事过程，因而故事形态总是在较长的时间、多变的空间之中展开。①

事实上，中国戏曲叙事追求一种情节发展的线性结构形态，注重叙事结构完整性。刘熙载《艺概·词曲概》中谈到“曲之章法”，“累累乎端如贯珠”②，也就是说结构上要有连贯性，如绳穿珠，贯穿整一，不能断裂散乱。与此相应地，中国古代戏曲在结构层次上讲求头、尾、腹三部分的完整协调，元代乔吉总结作曲的结构之法：“作乐府亦有法，曰‘凤头、猪肚、豹尾’六字是也。”③陶宗仪进一步申述为“大概起要美丽，中要浩荡，结要响亮，尤贵在首尾贯穿，意思清新”④。戏曲叙事结构贵在情节完整、“首尾贯穿”。此外，还须用一条主线将所叙述的内容串联起来，实现头、肚、尾的有机结合，因而，戏曲叙事结构往往呈现出多线发展状态。

《东郭记》由齐人娶得一妻一妾、行乞东郭、建功立业、携妻妾归隐的生平事迹为主线，以王驩等人的仕途和陈仲子的归隐生活为副线组成，三线并行。其中，“齐人有一妻一妾”的故事是主干，也是全剧的灵魂。增加两条副线、采取多线并进的结构，不仅是为了丰富其内容，更是对主题的延展与深化。

《东郭记》中融合了其他人物行事，增加了陈仲子、王驩两条线索，其内容思想上更具复杂性。如果说《孟子》中“一妻一妾”的故事重在“破”，那么《东郭记》中则有“立”的成分，《孟子》中的故事在批判和讽刺，《东郭记》则于批判讽刺之中蕴含着对“仕”和“隐”道路的思索。

《孟子》中只写到了齐人那一妻一妾知道其夫行乞的真相后相对而泣，

---

① 董上德：《古代戏曲小说叙事研究》，广东高等教育出版社2007年版，第59页。

② （清）刘熙载：《艺概·词曲概》，《艺概注稿》，中华书局2009年版，第127页。

③ （明）蒋一葵：《尧山堂外纪》卷七十一，文渊阁四库全书本。

④ （元）陶宗仪：《南村辍耕录》，齐鲁书社2007年版，第110页。

但齐人之后要怎么办？是继续厚颜无耻地寻求醉饱，还是作出别的选择？《东郭记》糅入王驩、陈仲子等人的内容则更像是《孟子》中故事的续篇，在齐人面前，展开了两条道路，一条是以王驩、淳于髡一线为代表的仕宦之路，一条是以陈仲子一线为代表的隐逸之途，前者通过王驩、淳于等人暴露出其污秽丑恶，王驩偷鸡、行贿，淳于髡以滑稽自进，近乎俳优，陈贾、景丑更扮作妇人以色貌邀宠求荣，后者通过陈仲子表现出隐士的清廉高尚，但又不免迂腐，陈仲子归隐后几乎饿死，以野果充饥，因与井上小虫争食而愧疚不已，又因食不义之人所赠的肥鹅“出而哇之”。

这两种道路都不是作者所认同的，我们看到，《东郭记》中，妻妾的愿望是齐人“管有日龙虎风云，傲彼鷦鹩”，也就是说，他们还是希望齐人能够经历困苦磨砺而做出一番事业，光耀门庭，只是不要再用类似乞讨这种伤害尊严和道义的行为方式，富贵功名当然要追求，却不能以伤廉害义为代价，这是儒家道德观念中君子所必须坚守的原则。不义的富贵固然不可求，可像陈仲子那样窘迫、艰难的归隐也是齐人所不取的，当陈仲子邀约齐人一同归隐时，齐人却谢绝了，“雅承厚意，但当粗为妻子之荣，然后接踵清人之迹耳”，他还是要做一番事业为妻子争取一些荣耀，然后才能追随廉洁之士去归隐，所以作者最终为齐人设计了以讨伐燕国的战功获得高位终以富贵归隐的人生道路。显然，通过这种近乎理想主义的设计，使得追求富贵功名和仁义廉直、入世与出世得以调和、融通，这也是儒家所追求的“内圣外王”之道：面向个体时注重道德完善和自我修养，面向社会追求尽己尽忠、建功立业。“《东郭记》通过组织和演绎《孟子》中的人物故事，表现了一个复合性的主题：刺时骂世，愤世忧国；宗孟述孟，旨归中庸。或者说前者为其表，后者为其里。是一个表里相异、富有内在张力的复杂主题。”①完整、多线的叙事结构特征为这种复杂主题的表达作出了贡献。

---

① 董竟成、杨矗：《〈东郭记〉评注》，《六十种曲评注》，吉林人民出版社 2001 年版，第 320 页。

从叙事内容上看，我们关注的主要是二者在细节处理上的繁简差异。其一，二者如何对待人物？《孟子》中对人物的处理具有高度抽象和简化的特点，而《东郭记》对人物细节的关注则更多。这点可以从人物的身份细节来观察。上文提到蔡清《四书蒙引》卷十二引明太祖诗云"乞子何曾有两妻，日攘那得许多鸡"，焦竑《焦氏四书讲录》"孟下"卷十一给出了答案："乞人或有妻，那有妾？盖设言之以况富贵利达之人。"①这里指出了一个事实，《孟子》讲这个故事只是以此"设言"、打比方，用以讽刺与之性质相似的行为，故而《孟子》中的"齐人"不过是一个象征符号，是随手拈来的"齐国某人"，那"一妻一妾"姓甚名谁，是何许人也，读者也并不清楚。《孟子》中的故事本为寓言，所谓"寓言"，其重点在于讲述故事的过程中所寄寓的道理，而不在塑造人物。事实上，对子书叙事而言，人物的身份背景并不是作者所关心的内容，《孟子》中的这种情况在子书中是普遍存在的，在先秦诸子的作品中，随处可见诸如"宋人""燕人"这类以"某人"方式的命名。也就是说，在子书的叙事中，人物的身份、性格等细节是不为其所关注的，具有很强的抽象符号特征，对他们具体面貌性情的描述是模糊甚至缺位的，只有通过与之相关的故事所展现出的哲理，才可以窥见其思想或性格的某一方面，这一方面是作者所特意凸显的，是作者所要借这一个人表达的对一类人、一群人的概括，换句话说，作者随手举一个人物为例，其实说的是一类人的故事，表达的是对具有普遍性广泛性的某种现象的意见，因而，作者所注重的是在他身上表现出这类人的共性特征，而作为个体的人，其具体面貌如何，就不那么重要。而人物对于戏曲来说，却是具有重要意义的。《东郭记》中，对"齐人"和那"一妻一妾"的身世、性情的细节都增加了叙述。例如，第二出〔鹧鸪天〕中齐人自报家门的叙述，就突出了其落魄儒生的身份，他的落魄乃是由于礼崩乐坏、世风日下，他正是洞察浇漓世相才与世俯仰，当那"乞食吹竽"者，但他又不甘于此，故而他劝诫朋友："吾闻规小节者，不能成荣名；恶小耻者，不能立

① （明）焦竑：《焦氏四书讲录》卷十一"孟下"，文渊阁四库全书本。

大功。惟去西山之面皮，乃有东陵之气焰耳。”他洞察时世，并且胸怀韬略，能够忍辱负重，正是这种环境、思想、性格，使他将乞讨酒食看作落魄之时的“玩世之举”，同时也不失为“近来求富贵的机关也”，这就使其“行乞”有了逻辑支撑，同时，也为全剧定下了隐喻基调，那些蝇营狗苟的人，如王驩之徒，其行径、手段，甚至连“行乞”的齐人都不如。再如，“一妻一妾”的身世也值得玩味，第三出中交代他们本是“姜氏之裔”，“果然名族”，因为家道衰落而“门户荒凉”，“恐富贵者不免弃之，唯择一孤穷而倜傥者，正自有富贵之日耳”，正是由于这样的身世、才情，她们同时嫁给齐人为妻妾，又揭穿齐人的把戏，就得以合理的解释，使得姐妹二人的形象更为鲜活。并且，姜氏二女才貌双全，且系出名门，但在当时重富贵而不尚才德的社会，才落得“姐姐孤穷”，姐妹二人只能在深闺中虚度青春，以至十八而“婚姻未定”，风衰俗怨、世态炎凉，这又是对“滔滔浊世”的社会环境的侧面补充。

其二是行动细节。顾炎武在《日知录》中评论《孟子》中“齐人有一妻一妾”的这段叙事时说，“使入《新唐书》，于齐人则必曰，‘其妻疑而瞷之’”①。如此虽简洁，但缺乏行动细节也就损害了叙事的生动性。故而《孟子》中叙述了不少行动细节，如齐人“之祭者，乞其余；不足，又顾而之他”，“顾而之他”，将齐人的狼狈卑弱恬不知耻的情状加以生动描述。妻子归来“与其妾讪其良人，而相泣于中庭”，“相泣”的细节使我们能够感受到妻妾二人的悲伤羞惭，以及齐人不知真相，仍然“施施从外来，骄其妻妾”，“施施”更将他的丑态暴露无遗。《东郭记》在此基础上生发出更为丰富的细节“血肉”，那么，二者在行动细节的关注焦点上有何差异？它们在细节的繁简取舍上有哪些不重合的地方？我们可以通过一例加以比较。《孟子》中写到妻子查探丈夫行踪，“蚤起，施从良人之所之”，《东郭记》根据这九个字敷衍开来，长达整整一出的“早起”，就是在此基础上增添了

① 黄汝成集释，栾保群、吕宗力等校：《日知录集释》，上海古籍出版社 2006 年版，第 1100 页。

十分丰富的细节。第二十出“早起”，主要是写妻子为了跟踪丈夫清晨早起的一系列活动，从“通宵愁不寐”，对着秋风秋虫叹息，到“一夜等不到晓，只索燃烛梳妆”，梳头、换衣等，尤其是换衣一段，详细叙述，“脱下了轻罗细绢，早换上粗衣一件。一搦搦腰系着一丝丝裙儿旋，一丢丢脚用着一星星绫儿缠。嫣然。还须小扇，一路上把红颜遮着半边”，这里对于行动细节的描写主要是为了突出妻子忐忑不安的心情，她“为良人盼望心穿”，“生恐怕窈窕风姿，风姿儿炫市廛”，“若良人果与豪华为友，也不枉俺一片心儿”，“若或差池，怎不埋冤，好姻缘恐未必出人前”，换衣时那一连串叠字的运用很有特色，将妻子焦急、盼望、犹疑、小心翼翼的复杂心情表现得准确而细腻。我们看到，《孟子》中并不是不写行动细节，但却没有写到这些细节，因为它不关乎说理，它所关心的细节，从齐人方面看，是他乞讨的狼狈，是骄其妻妾的恬不知耻，从妻妾方面看，是她们生疑、探查、讥讪的种种行为，二者从两个反方向共同指向“人之所以求富贵利达者，其妻妾不羞也，而不相泣者，几希矣”这个道理，这些细节越是表现出齐人之庸愚、恬不知耻与妻妾之贤明、深明大义，就越是能彰显出主题，与此无关的细节，自然就没有必要涉笔。《东郭记》中将此种“闲笔”细细写来，因为它虽不关说理却是表现事与情的重要手段，而事与情则须借助丰富的外在动作细节来展示，这样有性情的人物才能血肉丰满起来。

其三是情感细节。《孟子》中基本不涉及私人情感，《东郭记》中还穿插了不少儿女风情的细节。《孟子》中这则叙事所涉及的题材是家庭生活，人物是夫妻关系，但是整个叙事过程中基本没有涉及私人化的情感，这里所谓“私人化”，是指与男女之情相关联的个人情感，与之相对的是作为社会化个体对于家、国所负有的责任、义务，是一种伦理化的情感，后者才是儒家所关注的重点，《孟子》将夫妻看作“人之大伦”，并且是儒家伦理道德中的“五伦”之一，这显然是从修身治国的角度出发，《孟子》中谈及“妻子”时说，“不推恩无以保妻子”（《梁惠王章句上》），“仰足以事父母，俯足以畜妻子”（《梁惠王章句上》），“有妻子，则慕妻子”（《万章章句上》），“导其妻子使养其老”（《尽心章句上》），从这些例子可以看出，丈夫对于妻子是要“保”、要“畜”，应“慕”、应“导”，其对待夫妻关系的态度和原则，主要还是从儒家伦理道德出发，具有较强的社会性，至于私人情感则不被其所关注。在“一妻一妾”的叙事中，我们看到的是基于儒家道德观念的聪慧贤良的妻妾和“俯不足以畜妻妾”且以妻妾不齿的手段谋富贵的丈夫，却看不到他们丈夫与妻妾之间的感情如何。值得注意的是，妻子在发现丈夫行乞的真相后，对妾说“良人者，所仰望而终身也”，也是从儒家夫妇之义的观念出发，“夫荣妻贵”，他们相对而泣，恐怕对自身所托非人无所指望的痛心比对丈夫的失望来得更深。《东郭记》中则多了一些旖旎的儿女风情和温情脉脉的光景。第三出“少艾”、第五出“则将搂之乎”、第七出“媒妁之言”、第九出“则得妻”、第十一出“钻穴隙”，第十三出“一妾”叙述了齐人娶得妻妾的过程，不但写到了姐妹“闺中两寂寥，花下齐欢笑”“叹青春十八暗中销”的幽窗闺情，写到了姐姐与齐人相见倾情，“桃花回首不胜惊，那得逢仙忘世情”的情怀，写到了齐人得妻，新婚燕尔，“齐人喜得齐姬嫁，中馈里得人查察，从此方堪做室家”的新婚生活，甚至写到齐人婚后“吃一看二”，“偷觑姨娘”，“日日眼角相挑，微词半引”，以松弛闲荡之笔来凸显儿女之间的逗情弄趣，这在传奇中并不罕见。尤其是，当妻妾“讪其良人而相泣于中庭”后，更写到了夫妻之间的情感互动，丈夫看着妻妾相泣，“西子娇颦，尤增爱惜”，出于对妻妾的怜爱，丈夫安慰他们“不须苦忆，男儿自发迹”，并保证“这遭再不了”，妻妾理解了丈夫的“玩世之心”并且得到了他再不如此的保证之后，“情既剖，愁还释”，也就“只得转温存”，劝诫丈夫“从此须贤达，高车辉荜门”。可以看到，《东郭记》毕竟是传奇，不可避免地增加了许多关乎儿女风情的细节，“妻妾讪其良人而相泣于中庭”中夫妻之间的情感变化则显示出传奇的情感特征，在严肃冷峻的批判之中融入了日常生活的情感温度。

再次，从叙事方式上看，二者在叙事“现场感”传达上存在差异。叙事中现场感的呈现与叙事的方式有关。托多罗夫在谈到叙事方式的差异时，指出“叙述”与“描写”两种方式的不同，“叙述语式则涉及叙述者向我们陈述、描写的方式。当人们说一个作家向我们‘展示’事物，而另一个作家只是‘说出’这些事物时，人们就涉及到这些叙述语式。存在着两种主要语式：描写和叙述”①。这种区分布斯在《小说修辞学》中也被提及，他称之为“讲述”与“呈现”。当采用叙述、讲述的方式时，作者只是“说出”事件和事物，而并不对其发生和显示出的具体情状作细致陈述，而当使用描写、呈现的方式时，作者就在向读者“展示”，对于事件的发生、事物的情态做出更为详细的描绘，显然，从叙事的现场感上来看，后一种方式对现场感的表现更为充分。值得注意的是，他进一步追溯这两种叙事语式的文体渊源，认为它们有着不同来源，分别来自历史和戏剧，“人们认为编年史或故事是一种纯叙述，作者仅仅是一个转述事件的见证人……与此相反，在正剧里，故事并非转述，而是在我们眼前发生(即使我们只是在读剧本也一样)；没有叙述，叙述包含在人物的对白中”②。戏剧的叙述“并非转述”，而是如同“在眼前发生”，正是对现场感追求的一种表征。

这对于我们认识子书与戏曲的叙事有一定启发意义，在现场感的处理上，《孟子》中采取的是近于“讲述”“叙述”的方式，有意识地限制现场感的生成，而戏曲叙事则近于“描写”和“呈现”，着力制造和渲染逼真的现场效果。

《孟子》的叙述是如何限制现场感的呢？一方面，是对话场景的回避。章学诚在《文史通义·内篇·古文十弊》中说：“叙事之文，作者之言也，为文为质，惟其所欲，期如其事而已矣；记言之文，则非作者之言也，为文为质，期于适如其人之言，非作者所能自主也。”③这里，章学诚指出了“叙事”和“记言”的差别，一为作者叙述之言，一为模拟人物口吻声貌。《孟子》中这则叙事主要以客观冷静的口吻来转述人物的话语，而避免写对话场景。其中涉及人物对话的主要有三个情节，其一是妻子质问丈夫从哪

① 《马克思主义文艺理论研究》编辑部编选：《美学文艺学方法论(下)》，文化艺术出版社 1985 年版，第 569 页。

② 《马克思主义文艺理论研究》编辑部编选：《美学文艺学方法论(下)》，文化艺术出版社 1985 年版，第 569 页。

③ 仓修良编著：《文史通义新编新注》，浙江古籍出版社 2005 年版，第 152 页。

里得来酒肉，“其妻问所与饮食者，则尽富贵也”，从作者角度转述了夫妻之间的对话，实际上就是取消了对话场景。其二是妻子对丈夫起疑，告诉妾自己将要跟踪查探丈夫，“其妻告其妾曰：‘良人出，则必餍酒肉而后反；问其与饮食者，尽富贵也，而未尝有显者来，吾将瞷良人之所之也。’”其三，妻子回家告诉妾真相，“其妻归，告其妾，曰：‘良人者，所仰望而终身也，今若此！’与其妾讪其良人，而相泣于中庭……”从上面例子可以看到，《孟子》中这段叙事尽量采用转述而不使用对话形式，即使涉及对话，如第二、三部分，也只有妻一个人发言，妾在这两段对话中都是“失声”甚至于“隐身”的，作者试图避免使叙事产生这样的效果：即通过两个人的对话表现出人物的语气、对话者对彼此话语的感觉和反应，这样，说话时的现场感就传达出来了。

反观《东郭记》则不然。起先，妻妾两人商量，妻子生疑，“他朝朝醉饱，未知何来，今日回时，须问他个端的。倘有势交贵友，也是俺为妻小的荣耀也”，妾附和说“待他来时，问他便了”①，这时，醉醺醺的丈夫这时回来，还不知道家中的娇妻妾已经合计好了要向他问话，这里妾的一句应和之语虽然简洁，但“有了两个以上的演员，正式的对话才有可能(真正的交流)，人物的动作才能有所依附，真正的戏剧才得以构成”②，正是由于人物之间有对话，有交流，有不同口吻构成的众声喧哗的场域，才将现场感传达出来。我们看妻子对丈夫盘问生疑的一段，丈夫吹嘘，“俺一品人材，尽处交游富贵来。相与的皆冠盖，邀饮的都豪迈”，妻子问“是那几位显者呢”，丈夫回答，“猜，齐国几人哉，晏婴不在，便那管氏夷吾，他可也违时代，一任闺中女酌裁”③。在对话中，丈夫吹嘘、搪塞的神气一览无遗，滑稽可笑，而妻子的追问其实已经透露了她的怀疑，比起“其妻问

① 董竟成、杨矗：《〈东郭记〉评注》，《六十种曲评注》，吉林人民出版社2001年版，第135页。

② 耘耕：《中国戏曲从叙事体到代言体的嬗变》，《艺术百家》1988年第2期。

③ 董竟成、杨矗：《〈东郭记〉评注》，《六十种曲评注》，吉林人民出版社2001年版，第135~136页。

所与饮食者，则尽富贵也”的叙述，现场感的传达更充分。

另一方面，不对事物的性状作出具体、细致的描绘，而只就其进行抽象、概括的叙述，尤其是不对感觉经验作出描述。我们来比较《孟子》与《东郭记》中的两个片断：

> 蚤起，施从良人之所之，遍国中无与立谈者。卒之东郭墦间，之祭者，乞其余；不足，又顾而之他——此其为餍足之道也。（《孟子·离娄章句下》）
>
> 早来到大街上也。则索向朱扉以投，望画阁而进，图个醉饱，充我肺肠。你看街市上酒肉好香人也！
>
> 【前腔】朱门玉馔，待乞那朱门玉馔，又何须言拙赧。想驴肠鸱炙，兔首熊蹯，满华筵，多奇产。俺乞食效昭关，男儿自厚颜。青竹斓斑，破袖翩翻，这形容在吾徒应不罕。横襟纵看，请诸兄横襟纵看；一街讨饭，满目中一街讨饭，笑衣冠那人儿应自汗。那一个与俺些酒肉儿么？呀，那人家正请客哩。〔执棒，舞，疾走介〕”（《东郭记》第十五出“其良人出”）①

这两处都是写齐人一早来到街上游荡的境况。《孟子》中是从妻子的角度来写，她一早跟踪丈夫，发现丈夫走遍整个城里都没有与他站着交谈的人，最后才了解他酒食的来源是靠乞讨，到祭祀的人那里讨些剩余的饭菜，不够就又去其他地方讨。可以说，这段叙述是一种冷静、客观的语调，它以冷峻的口吻传达给我们一个信息，即齐人并没有和什么富贵显要的人物来往，甚至根本就没有人尊重他、搭理他，至于齐人到底在街上干了些什么，有什么见闻，又是怎么样乞讨，我们都不得而知。《东郭记》则在现场感的传达上更为着力。首先，写到了具体地点场景。《孟子》只写了

① 杨伯峻：《孟子译注》，中华书局1960年版，第203页；董竟成、杨矗：《〈东郭记〉评注》，《六十种曲评注》，吉林人民出版社2001年版，第112页。

齐人“遍国中”，那么到底去了国中哪些地方？《东郭记》中对此予以了具象化的叙述，“则索向朱扉以投，望画阁而进”（第十五出）。“朱扉”“画阁”，自然是豪华之地，也正是在豪华地方才有盛宴有酒肉，好教齐人“图个醉饱，充我肺肠”，这里用“朱扉”“画阁”将模糊抽象的“遍国中”加以具体化的叙述，更描绘出齐人一到熙熙攘攘的大街上就直奔那些雕梁画栋的酒肉场这样一幅如蚁附膻的画面。接着，又从嗅觉上写到“街市上酒肉好香人也”。并进一步写到那些“朱门玉馔”的内容，“驴肠鸱炙，兔首熊蹯，满华筵，多奇产”，视觉上，各色佳肴一一展现，真正是琳琅满目的华筵，这样一来，活色生香的现场感立刻呈现出来。此外，还写到了齐人的衣装“破袖翩翻”，正是一副落魄穷酸的乞丐打扮，既要乞讨，就不得不吆喝，“那一个与俺些酒肉儿么”，“呀，那人家正请客哩”，一边说着的齐人一边舞着也许用来打狗的木棒凑到请客的府上去，这就为我们惟妙惟肖地描绘出齐人乞讨的神态。中国古代戏曲叙事讲究“体物得神”，如姚华所言：“比物生象，一代之文章炳焉，九鼎之神奸尽矣。”①通过细致传神地描摹与人物相关的实物，来刻画人物在当时情境中的动作、神态甚至微妙心理活动，从而实现将客观之物与人物之性情相融合，达到出一种逼真可感的效果。

三

由上面的分析可以看到，《东郭记》与《孟子》中在故事呈现样态上表现出较大差异，《东郭记》的改编是一个再创造的过程，这种再创造的魅力来自一种与原故事“和而不同”的张力——文体对题材内容及其表达方式、审美风格的规约与题材实现文体“越界”后适应新的审美需求所形成的互动，换句话说，再创造的作品，一方面，它要体现出自身文体的审美特征，另

① 姚华：《曲海一勺》，隗芾、吴毓华编：《古典戏曲美学资料集》，文化艺术出版社1992年版，第441页。

一方面，又要与原作品保持天然密不可分的映射关联，如果说前者则是保证其存在合法性的文体规定，那么后者则是实现其艺术超越性的体现，试想，《东郭记》若是改编《孟子》故事而写得“不像”一部传奇，自然失去了文体合法性支撑；而若是再创作后与《孟子》故事的旨趣意蕴全无关联，那也就失落了原故事的精神内核，艺术价值大打折扣。

首先，在内容上，传奇尚“情”。传奇叙事内容的重心在于日常生活中的凡俗人情。传奇叙事固然也涉及惊心动魄、波澜壮阔的重大社会历史事件，固然也承担淳风俗、正人心的教化任务而免不了布道和说教，然而其切入角度和关注的重心仍在叙述日常“人情”。传奇中不乏叙述历史人物事迹的内容，相反地，历史题材还颇受传奇剧作家的青睐。然而，相较于史书中基于历史理性的宏大叙事，传奇则偏重于叙述和展现历史人物人情化、生活化的一面，我们在《浣纱记》中固然可以看到范蠡、西施作为政治人物参与吴越争霸历史事件的活动，然而，更多地可以看到他们作为普通人的情感纠葛，我们在《长生殿》《桃花扇》中固然可以看到安史之乱、南明灭亡的种种时事，但是李隆基与杨玉环、侯方域与李香君与寻常儿女同样的聚散悲欢之情也为全剧不可磨灭的光彩。传奇中也不乏寓劝惩、明道德的，相较于“以说理为宗”的子书，也有其特点，这便是“以情动人”。“情”与“理”，是否是人精神天平上全然分隔对立的两端？并非如此。儒家伦理道德思想的特点就是顺导人情以合乎社会礼法规范，《乐记》云：“乐也者，情之不可变者也；礼也者，理之不可易者也。乐统同，礼辨异，礼乐之说，管乎人情矣”(《乐情篇》)。这也为戏曲布道明理、宣扬教化提供了理论基础。戏曲如何来明道理？就在于它通过讲述故事来表现“人之常情”，使人得以感化、感悟，对不能够读书识字的大众而言，相比于对他们耳提面命、宣讲圣人之道，这种“寓教于情”的内在性启发显然具有更强大的作用。不少剧作家都表达了这一点。王骥德认为，“凡理有穷，惟情无尽”，“奏之场上，令观者藉为劝惩兴起，其或扼腕裂眦，涕泗交下而不能已，此方为有关世教文字”(《曲律·杂论》)。冯梦龙主张“情教”，“无情化有，私情化公，庶乡国天下，蔼然以情相与，于浇俗冀有更焉……子有情于父，臣有情于君。推之种种相，俱作如是观”(《情史·叙》)。李渔更明白地提出了所谓“风流道学”，他在《慎鸾交》中借人物之口说：

> 据我看来，名教之中不无乐地，闲情之内也尽有天机。毕竟要使道学风流合而为一，方才算得个学士文人。①

李渔在这里指出了很重要的一点：戏曲不是不可以传道，传奇不是不可以“寓言”，只是它们毕竟不能够离开一种“风流”，若舍弃“风流”只剩“道学”便失去了灵动妩媚而平淡干枯、索然无味，成了《五伦全备记》一流。“风流”的内涵固然很丰富，然而，就内容而言，凡俗人情是题中应有之义，因为戏曲面对的观众是广泛的大众群体，他们最为熟悉也最感兴趣的是日常生活，《曲论》云：“传奇之体，要在使田畯红女闻之而趯(跃)然喜，悚然惧，若徒逞其博洽，使闻者不解为何语，何异对驴而弹琴乎?”②了解这一点，那么我们就会更明白《东郭记》在改造《孟子》“齐人有一妻一妾”故事时所作的一些处理。例如，它花费了相当的笔墨去叙述齐人的家庭情感生活，齐人与姜氏的邂逅，夫妻琴瑟和谐的情感，以及宦游在外时对妻儿的牵挂等，它在叙述齐人行乞墦间时着意描述齐人以及其妻子的复杂心情，齐人的故作旷达、妻子的羞愤悲凉等，尤其是上文对“早起”情节上的比较分析，齐人之妻的种种矛盾心情，与《孟子》要表达的道理关系不大，因而被忽略，但在戏曲中恰恰是能够引起观众日常情感体验共鸣的重要组成部分。

传奇内容尚“情”，日常情感的内容很丰富，其中最重要、最为人们津津乐道的自然是儿女之情，传奇中多以此为题材，而即使不以儿女情为主导题材，也免不了在戏中穿插女性角色，以及儿女情致的叙写。由此，在

---

① 转引自郭英德：《明清传奇戏曲文体研究》，商务印书馆 2004 年版，第 254 页。

② 中国戏曲研究院编：《中国戏曲论著集成》，中国戏剧出版社 1959 年版，第 238 页。

结构上，传奇重视角色内容上生旦俱全，在情节发展上两线并进，以生旦闺情与展示世情两条线索同时展开。虽然这在正统文人看来是使“词曲之品稍劣”的缘由，但也不能不承认“而风月烟花之间，一语一调，能令人酸鼻而刺心，神飞而魄绝，亦惟词曲为然耳”——传奇之品正在“贵情语不贵雅歌，贵婉声不贵劲气”（茅一相《题词评〈曲藻〉后》）。王骥德“尝以传奇配部色”，以《西厢》如正旦，《琵琶》如正生，《还魂》《二孟》如新出小旦，传奇的妙处正是“色声俱绝”“妖冶风流”，而那种“如老教师登场”的太过沉闷严肃的剧自然“不能使人喝彩”①。如果一味叙述男性主人公的社会活动以叙述其功业，则使传奇显得刚而少柔，单调而乏情致。一个例子是明沈采的《千金记》，全剧主要以楚汉争霸时韩信的功业事迹为线索，融入项羽、刘邦、张良、萧何等人的事迹，剧中虽然也虚构了韩信母亲、妻子的事迹，然而太过单薄，对此，吕天成《曲品》卷下云：“但事业有余，闺阁处太寥落。且旦是增出，只入虞姬、漂母，亦何不可？”②祁彪佳《远山堂曲品》也评道：“纪楚、汉事甚豪畅，但所演皆英雄本色，闺阁处便觉寂寥。”③可见，英雄与儿女并叙，世态共闺情同出，二者相映成趣，才是传奇的本色。《东郭记》也不例外，齐人的故事，关注的是一个严肃的话题，即《孟子》中所述“人之所以求富贵利达者”，可以说是对仕宦出处和士人精神的道德反思，洋溢着浓厚的社会批判性。从内容上看，齐人在建功立业的过程和官场沉浮中所经历的世态，是全剧的重点，然而，《东郭记》毕竟是传奇，不可避免地增加了许多关乎儿女风情内容，妻妾与齐人的情感发展也是贯穿全剧的一条线索，有的内容如“钻穴隙”纯粹是出于一种过分慕恋风情、赏玩女色的不良趣味，而有的也起到了特定的作用，如第三十出“郁陶思君尔”、第三十七出“为衣服”，在齐人漂泊仕途、征战在外的情节

① （明）王骥德：《曲律》“杂论”三十九下，中国戏曲研究院编：《中国戏曲论著集成》，中国戏剧出版社 1959 年版，第 159 页。

② （明）吕天成著，吴书荫校注：《曲品》卷上，中华书局 1990 年版，第 183 页。

③ （明）祁彪佳著，黄裳校录：《远山堂曲品》，上海古典文学出版社 1957 年版，第 129 页。

间插入妻妾独守闺房，为其缝制冬衣的内容，借鉴同样具有显著抒情特征的古典诗词的意境，平添了一份柔情婉约的诗意。

其次，叙事方式上，代言叙事特征的影响。戏曲的重要文体特征之一就是代言叙事。关于戏曲的“代言”特征，学者们主要从两种角度进行解释，一是就戏曲演述形态而言，指表演者扮演角色、搬演故事，康保成在《试论戏剧的本质与中国戏曲的特色》中认为：“戏剧与音乐、舞蹈等艺术形式相区别的根本因素在于角色扮演。”①一是就戏曲文本创作而言，指戏曲创作者“代”剧中人物而“言”，“代言”，即是指作家要化身为角色，代角色立言。这里关注的主要是戏曲文本意义上的“代言”特征。

就改编作品而言，这种“代言”叙事的影响可以从两个层面来看。第一个层面是文本叙述方式。戏曲文本大致上可分为曲文与宾白，曲文在叙述人物行动时并非采用第三人称叙述方式，即作为旁观者向虚拟观众或读者讲述情节，而是以第一人称，即剧中人物的视角和话语来叙述，这显然是代角色叙述的“代言”方式。钱锺书在谈到“代言”叙事方式时有精到的见解，论到《左传》一节时说：“盖非记言也，乃代言也，如后世小说、剧本中之对话独白也。左氏设身处地，依傍性格身份，假之喉舌，想当然耳。……史家追叙真人真事，每须遥体人情，悬想事势，设身局中，潜心腔内，忖之度之，以揣以摩，庶几入情合理。盖与小说、院本之臆造人物、虚构境地，不尽同而可相通；记言特其一端。……《左传》记言而实乃拟言、代言，谓是后世小说、院本中对话、宾白之椎轮草创，未遽过也。”②“记言”“代言”，正是两种不同的叙事方式，《左传》受到论者的质疑、批评，正说明“记言”才是史家叙事的正途，而钱锺书以戏曲、小说的“代言”方式与史传中类似的叙事进行对比，以为《左传》辩护，也说明“代言”恰恰是戏曲叙事的特征。与史家须“追叙”“遥体”“悬想”相比，戏曲曲文则可以直接叙述人物所见所闻、所思所感。孔尚任说，“曲词皆非浪填，

① 《古代文学研究集刊》第一辑，南方出版社 1999 年版，第 76 页。

② 钱锺书：《管锥编》，中华书局 1979 年版，第 166 页。

凡胸中情不可说，眼前景不能见者，则借词曲以咏之”（《桃花扇·凡例》），可见，曲词叙事可以从第一人称角度出发，较少受限，诉说“不可说”之情、“不能见”之景，诸如“早起”一节，《孟子》中乃是“记言”方式转述故事，故而所述较简，而《东郭记》中是“代言”，以齐人之妻的视角来叙述所见情景以及复杂的行为、心理活动，达到可见可感的逼真效果，这对于叙事的现场感的表达，自然不可小觑。

第二个层面是从作者对本事的阐释而言，作者不仅化身剧中人物，以人物的口吻声貌立言，而且也代本事的著者立言，如果说，前一层面的影响是就文本系统之内的表达方式而言，那么，后一层影响则是超越于文本系统之外的，作者与作者之间、文本与文本之间的阐释与互文，剧作家对前人作品中的人物行事加以捏合改造，不能不涉及对彼作者意图的揣摩与发挥，甚至是代作者而立言，“欲代此一人立言，先宜代此一人立心”，原作者在创作中言之未详、言之未尽的，剧作家全然可以借助戏中世界代其发挥。一个例子是蒋士铨的《临川梦》，其意在给汤显祖立传，也是为汤显祖立言立心，汤氏之心一生在于崇尚情教，以忠义之情“拒弋”“抗疏”，以宽仁之情施政而“宦成”，更重要的是在其传奇创作中热情颂扬“至情”，正是充分体会这一点，因而蒋士铨在《临川梦》中不仅融入了娄江女子俞二娘读《牡丹亭》伤感而逝的事迹，以其“像梦”“殉梦”“访梦”“说梦”“了梦”为一线索贯穿全剧，更在“集梦”一出中将汤显祖“四梦”中的人物卢生、淳于棻、霍小玉、杜丽娘请来相会。他们都是因梦也是因情而体悟生命的意义，这样的处理可谓深知汤显祖之心，而《临川梦》也可谓代汤显祖立言之作。

同样地，在《东郭记》中我们也可以看到作者处处显示出的代孟子立言的迹象。剧中屡屡剖白追随《孟子》寓意的心迹，例如开篇说“莫怪吾家孟老，也知遍国皆公”，篇末云“谱齐东，与孟老，意思同”，在自序中明确表达了创作《东郭记》的宗旨，“皆邹夫子意也”，“假令吾孟老观之，又不知叹息何如矣”。孟子格外重视“义利”之辨，孟子见梁惠王，对于惠王开口即谈“利”十分不满，“何必曰利？亦有仁义而已矣”①，“大丈夫”应当重义轻利，在政治昏乱的社会中，要求得功名利禄而以不伤廉害义为前提，“富贵不能淫，威武不能屈，贫贱不能移”②。《孟子》中写齐人的故事就是讽刺那些以卑劣无耻的手段追求富贵利禄之人。《东郭记》在主题上自然也离不开这一点。上文从情节结构上对此进行了分析，而作者在情节的改编上也是从此处着眼，并且体现出良苦用心，它将孟子的微言微意更添枝叶，加以渲染夸张，对《孟子》中相关的语句故意进行脱离原语境的阐释，不仅是追随夫子之意，而且更具有戏剧性。

例如，王驩其人，在《孟子》中的事迹主要有二，《公孙丑章句下》：“孟子为卿于齐，出吊于滕，王使盖大夫王驩为辅行”③，孟子终日不与其言，《离娄章句下》：“公行子有子之丧，右师往吊……孟子不与右师言，右师不悦。”④可见，王驩居高位而颇骄横，孟子对他并不认可。《东郭记》据此将其塑造成寡廉鲜耻的卑劣小人，将《孟子》中“日攘邻之鸡”的事迹嫁接到他身上，又增加了其攘鸡聚财以贿赂得官、仗势辱骂齐人等情节，显示出其以不义手段求得富贵，富贵而骄，根据《孟子》中的微意推衍，使得人物形象更为鲜明，也切合主题。第三十二出“右师不悦”，题目关涉原文，但其“不悦”的原因却大不相同，是与齐人争夺象征富贵的“垄断”不成，于是恼羞成怒谗害旧友，突出他为了功名富贵而不知耻、不顾义的一面。再如陈贾、景丑，陈贾事见《公孙丑章句下》：“燕人畔。王曰：‘吾甚惭于孟子。’陈贾曰：‘王无患焉。王自以为与周公孰仁且智？’”⑤景丑事见《公孙丑章句下》：“景子曰：‘内则父子，外则君臣，人之大伦也。父子主恩，君臣主敬。丑见王之敬子也，未见所以敬王也。’”⑥前一则，齐王不

① 杨伯峻：《孟子译注》，中华书局1960年版，第1页。
② 杨伯峻：《孟子译注》，中华书局1960年版，第141页。
③ 杨伯峻：《孟子译注》，中华书局1960年版，第97页。
④ 杨伯峻：《孟子译注》，中华书局1960年版，第196~197页。
⑤ 杨伯峻：《孟子译注》，中华书局1960年版，第101页。
⑥ 杨伯峻：《孟子译注》，中华书局1960年版，第88页。

听孟子劝告伐燕而败，陈贾以周公为比来为王辩护，后一则中孟子不愿见齐王，景丑以君臣之礼来责问孟子，两者的共同之处在于陈、景二人都站在齐王一方，只是景丑以礼相责无可厚非，而陈贾则显然有阿谀主上之嫌。作者据此，在第二十六出“妾妇之道”中增加了一个情节，“妾妇之道”本是比喻事君不以道义、谄媚趋上，而作者则写到陈贾、景丑扮作妇人向齐王邀宠，既是申夫子之意，又具有漫画化的夸张效果，具有戏剧性。

值得注意的是，以《孟子》中齐人故事为材料的，除了《东郭记》，清初傅山有《骄其妻妾》杂剧（又名《齐人乞食》），清乾隆年间熊超有《齐人记》杂剧，清顾彬有《齐人记》传奇。明寒潭主人有《饮泉记》传奇，《远山堂曲品》著录，谓“以陈仲子为生，用齐人、盗跖一辈点缀其间”，且它们带有游戏为文的色彩。拿儒家圣贤来开玩笑，这样的情况并非偶然。一个例子是明吕天成的《齐东绝倒》（又名《海滨乐》），识者谓“此剧几于毁谤圣贤矣”①。主人公就是儒家奉为圣人的帝舜，全剧对舜的形象极力丑化，舜因为父亲杀人，在国法与孝道之间难取舍，于是背上父亲瞽叟逃往海滨，最终国家大乱，执法者徇私枉法才请回舜。权势者的“孝道”以枉法为代价，这无疑是对儒家政治和伦理道德体制的讽刺。此外，剧中还受到《竹书纪年》等典籍中传闻的启发，加以渲染，丑化尧舜，如尧为了监视舜，才将儿女嫁给他，退位失势后被囚禁，舜也有乱伦行为等，总之，将儒家政治理想中的圣君拉下神坛，揭露了其虚伪卑污的一面，同时，极大讽刺了儒家所宣扬的仁义道德。无独有偶，《曲海总目提要补编》第六六《临潼会》中也有此种情况，调侃的对象直指儒家至圣先师孔夫子。全剧叙述楚将伍员战大盗柳展雄之事，秦穆公邀约诸侯各出珍宝“斗宝”临潼，大盗柳展雄闻讯劫宝，楚将伍子胥与之大战，最终顺利护送诸侯之将同赴临潼会。有意味的是，剧中化用《庄子·盗跖》篇孔子说柳下惠之弟盗跖之事，将盗跖塑造成盗亦有道、打抱不平的豪义之士，各路诸侯以及孔门之徒反而是无能之辈，伍员最后竟与盗跖结为兄弟，可见作者的态度。难怪论者谓“中间

① （清）沈泰辑：《盛明杂剧》（一），中国戏剧出版社1958年版，第1页。

以伍员为孔门弟子，既已可怪，且竟以至圣入戏，狎侮先师，亟当毁削”①。《曲海总目提要补编》四四《卖相思》，题易山静寄轩主人编，全剧演石有文卖相思事，评者谓“太涉离奇，意在讥侮秀才以作游戏耳”。其中有这样的情节：学师受贿不公，诸生鼓噪，投虎爪山“斯文元帅”，朝廷征讨，斯文诸生布“八股阵”（言八股时文）、“四宝阵”（言文房四宝），丁字阵（言不识一丁），皆被攻破。② 事实上，全剧处处充溢的不仅是对八股文人，更是对整个儒学体制的嘲讽戏谑。

明清以“八股”取士，而“八股”的重要特点就是“代圣人立言”，其要义在于，一是以圣人之意立言，即以儒家思想大义来阐释四书五经中的语句，一是以圣人的语气立言，模拟圣贤口吻声气来行文，这就与戏曲的“代言”叙事有相通之处，而在平日的模拟之作中，八股文的代言对象范围逐渐扩大，商衍鎏说：“圣贤而为孔子、曾子、子思、孟子及孔门之弟子等尚可也，倘题目非圣贤语，而为阳货、孺子、齐人妻妾，与夫权臣、幸臣、狂士、隐士之流，亦须设身处地，如我身实为此人，肖其口吻以为文。”③如蒲松龄的《聊斋制艺·早起》，就与《孟子》齐人故事相关，全文代齐人之妻立言，“当此际也，必有辗转反侧，不能终夜者矣！疑其所之，计其所之，而且审思其所之。当斯夜也必有寤言不寐，坐以待旦者矣！于是窃窃然而自念也，曰：‘吾其起乎？’”④将其忧虑、犹疑、焦急的心态摹写入神，这已经属于游戏为文的性质了。研习时文的同时留意于戏曲创作的士子不在少数，因为这不啻为他们揣摩时文写作的演习场，胡适曾说：“明、清两代的传奇都是八股文人用八股文体做的。”⑤在戏曲中，我们常常可以见到熟悉儒家典籍的八股文人以儒家经典为素材，并且时有以此游

① 北婴等编著：《曲海总目提要补编》，人民文学出版社1959年版，第153页。

② 北婴等编著：《曲海总目提要补编》，人民文学出版社1959年版，第90页。

③ 商衍鎏：《清代科举考试述略》，生活·读书·新知三联书店1983年版，第227页。

④ 黄强、王颖辑校：《游戏八股文集成》，武汉大学出版社2009年版，第81页。

⑤ 胡适：《〈缀白裘〉序》，《胡适文集》第八册，北京大学出版社1998年版，第445页。

戏为文的情况。另一方面，这也寄寓着特定的时代心理。那就是晚明以降出现的异端思想涌动，反对程朱理学的思潮。程朱理学强调“尊德性”，讲求“存天理，灭人欲”，过于重视伦理道德的社会规范作用而压抑人的个性，晚明以来则出现了广泛探讨人的本性、肯定人的欲望和追求精神自由这样一股思潮，代表这一时代思潮的，有罗汝芳、何心隐、李贽等思想家，以及汤显祖、公安三袁、冯梦龙等文学家，时代风会所及，儒家的神圣地位受到严重挑战，而儒家圣贤经典的庄严性及其所倡导的道德观念体系的严肃性也面临危机，屠隆论及当时一般的读书人，说他们“闻一道德方正之事，则以为无味而置之不道；闻一淫纵破义之事，则投袂而起，喜谈传诵而不已”①。可见时代风气。在这种社会心理氛围下，儒家圣贤失去了数千年来的神圣光环，创作中戏弄圣贤的心态也具有某种普遍性，这不仅仅是对圣人的调笑讽刺，更涉及熟悉儒家典籍尤其是科举考试规定内容“四书五经”的士人们有意识的行为，他们通过巧妙的偷梁换柱、联结缀合，对圣贤经典进行戏拟、解构，正是在科举时代背景下呼应新思潮、表达思想诉求的一种方式。

① （明）屠隆：《鸿苞节录》卷二，清咸丰章丘县署刻本。

参考文献

一、古籍类

[1]《史记》(修订本)，中华书局2013年版。
[2]《汉书》，中华书局1962年版。
[3]《旧唐书》，中华书局1975年版。
[4]马王堆汉墓帛书整理小组编：《马王堆汉墓帛书叁》，文物出版社1983年版。
[5]陈广忠校点：《淮南子》，上海古籍出版社2016年版。
[6]刘文典撰，冯逸、乔华点校：《淮南鸿烈集解》，中华书局2018年版。
[7]陈鼓应：《庄子今注今译》，中华书局1983年版。
[8]方勇主编，程翔评注：《说苑》，商务印书馆2018年版。
[9]李振宏注：《新语》，河南大学出版社2016年版。
[10]刘知幾：《史通》，上海古籍出版社2008年版。
[11]刘勰著，郭晋稀注译：《文心雕龙》，岳麓书社2004年版。
[12]刘晓东校点：《列女传》，辽宁教育出版社1988年版。
[13]石光瑛校释，陈新整理：《新序校释》，中华书局2009年版。
[14]王先慎撰，钟哲点校：《韩非子集解》，中华书局2018年版。
[15]许维遹校释：《韩诗外传集释》，中华书局1980年版。
[16]徐小蛮标点：《吕氏春秋》，上海古籍出版社2014年版。
[17]杨伯峻译注：《春秋左传注》，中华书局1990年版。
[18]杨伯峻译注：《孟子译注》，中华书局1960年版。

[19]《战国策笺证》，上海古籍出版社2006年版。
[20]章学诚：《文史通义》，上海古籍出版社2015年版。

二、今人著作

[1]艾春明：《〈韩诗外传〉研究》，辽宁大学出版社2010年版。
[2]陈洪：《中国早期小说生成史论》，中华书局2019年版。
[3]陈文新：《文言小说审美发展史》，武汉大学出版社2007年版。
[4]陈桐生：《〈史记〉与诸子百家之学》，安徽大学出版社2006年版。
[5]傅斯年：《傅斯年史学论著》，上海书店出版社2014年版。
[6]傅修延：《先秦叙事研究——关于中国叙事传统的形成》，东方出版社1999年版。
[7]顾实：《汉书艺文志讲疏》，广文书局1970年版。
[8]过常宝：《先秦散文研究——早期文体及话语方式的生成》，人民出版社2009年版。
[9]郝继东：《刘向及〈新序〉述评》，线装书局2008年版。
[10]吕思勉：《吕著史学与史籍》，华东师范大学出版社2002年版。
[11]李零：《简帛古书与学术源流》，生活·读书·新知三联书店2004年版。
[12]李景文：《刘向文献编纂研究》，人民出版社2020年版。
[13]廖群：《先秦说体文本研究》，中央编译出版社2018年版。
[14]刘云春：《历史叙事传统语境下的中国古典小说审美研究》，中国社会科学出版社2010年版。
[15]马庆洲：《〈淮南子〉考论》，北京大学出版社2009年版。
[16]孟繁华：《叙事的艺术》，中国文联出版公司1989年版。
[17]钱锺书：《管锥编》下，生活·读书·新知三联书店2001年版。
[18][美]王靖宇：《中国早期叙事文研究》，上海古籍出版社2003年版。
[19]吴承学：《中国古代文体形态研究》，中山大学出版社2000年版。
[20]王启敏：《刘向〈新序〉〈说苑〉研究》，安徽大学出版社2011年版。

[21]徐复观:《两汉思想史》，华东师范大学出版社 2001 年版。
[22]徐建委:《文本革命 刘向、〈汉书 艺文志〉与早期文本研究》，中国社会科学出版社 2017 年版。
[23]徐兴无:《刘向评传》，南京大学出版社 2005 年版。
[24]郗文倩:《中国古代文体功能研究——以汉代文体为中心》，上海三联书店 2010 年版。
[25]余英时:《士与中国文化》，上海人民出版社 1987 年版。
[26]杨义:《中国叙事学》，商务印书馆 2019 年版。
[27]于淑娟:《〈韩诗外传〉研究——汉代经学与文学关系透视》，上海古籍出版社 2011 年版。
[28]章太炎:《国故论衡》，上海古籍出版社 2019 年版。
[29]章太炎:《诸子学略说》，广西师范大学出版社 2010 年版。
[30]尹雪华:《先秦两汉史传叙事研究》，学林出版社 2017 年版。
[31]张瑞:《先秦“说”体文叙事传统研究》，中国社会科学出版社 2015 年版。